Wüthrich • Winter • Philipp

Die Rückkehr des Hofnarren

Der moderne Hofnarr ist ein charmanter Flaneur, der mit leichtem Gepäck reist. Wo er mit am Tisch sitzt, ändern sich die Spielregeln.

Bis in das 18. Jahrhundert hinein stellte der Hofnarr eine institutionalisierte Staatsfigur an jedem größeren europäischen Hof dar. Im Zuge gravierender gesellschaftlicher Umbrüche verschwand dieser »Lord of Disorder« gänzlich von der Bildfläche. Bei der Betrachtung »moderner Höfe« und bisweilen grotesk anmutender Szenen im heutigen Manageralltag drängt sich die Frage auf, ob es sinnvoll war, den Hofnarren zu verbannen.

Die Publikation, die Sie gerade in den Händen halten, bezweckt, Sie in unterhaltsamer Art zum Nachdenken über sich selbst und den »eigenen Hofstaat« anzuregen. Vielleicht kann sie Ihnen helfen, mit einem Augenzwinkern die Tücken des Alltags leichter zu meistern.

Hans A. Wüthrich
Wolfgang Winter
Andreas F. Philipp

Die Rückkehr des Hofnarren

Einladung zur Reflexion

---

nicht nur für Manager!

Illustrationen von Ernst Böhm

GELLIUS
editionAuszeit

CJC ®

Inhalt

»Man vergißt immer wieder, auf den Grund zu gehen. Man setzt die Fragezeichen nicht tief genug.«

Ludwig Wittgenstein

Vorwort

Dieses Buch entstand, weil wir im eigenen privaten Umfeld sowie im Rahmen unserer Lehr- und Beratungstätigkeit immer wieder erhebliche Defizite im Hinblick auf die Fähigkeit zur Reflexion feststellen, bei uns selbst, im Freundeskreis und bei Mitgliedern von Organisationen. Es soll nicht moralisieren, sondern zum Hinterfragen nicht hinterfragter Prämissen provozieren. Ziel ist es, die Blindheit gegenüber der eigenen Blindheit in den Blick zu rücken und sich selbst beim Beobachten zu beobachten.

Angesprochen sind alle, die bereit sind *nach-*, *um-* und *vor*zudenken. Mit anderen Worten Leserinnen und Leser, die bei aller operativen Alltagshektik einen Bedarf zum *Überdenken* und *Unterbrechen* spüren, Menschen also, die das ungute Gefühl haben, dass in dieser Welt so vieles unreflektiert geschieht.
Nicht geeignet ist diese Publikation für alle, die an ihren bestehenden Denkmustern festhalten wollen und keine Veranlassung sehen, sich selbst in Frage zu stellen.

Bei der Entstehung dieses Buches wurden wir von der Firma ***USM*** **Möbelbausysteme** Münsingen/Schweiz und Bühl/Deutschland großzügig unterstützt. Unser besonderer Dank gilt dabei der Familie Schärer und den Herren Dr. Urs Rickenbacher und Thomas Burst, die sich dem *court jester concept®* gegenüber aufgeschlossen zeigten und uns die Gelegenheit boten, im Rahmen einer Vortragsreihe in Deutschland und der Schweiz eine große Zuhörerschaft zur *Reflexion, zum Überdenken der persönlichen Arbeits- und Lebenssituation* einzuladen.

Herzlich danken wir Frau Birgit Winter für das Layout, Herrn Ernst Böhm für die Illustrationen und Herrn Dr. Berndt Jäger für das Lektorat. Frau Larissa Lins vom GELLIUS Verlag danken wir für die Aufnahme unseres Buches in die GELLIUS editionAuszeit.

München, im Oktober 2001

Hans A. Wüthrich
Wolfgang Winter
Andreas F. Philipp

»Manche halten das für Erfahrung, was sie zwanzig Jahre lang falsch gemacht haben.«

George Bernard Shaw

Kings and Things
Die Wiederkehr des Ewiggleichen

- Das alte Spiel:
  Groteske Szenen bei Hofe

- Die ewigen Säulen:
  Heilige Herrschaft, Misstrauen
  und Rollenspiele

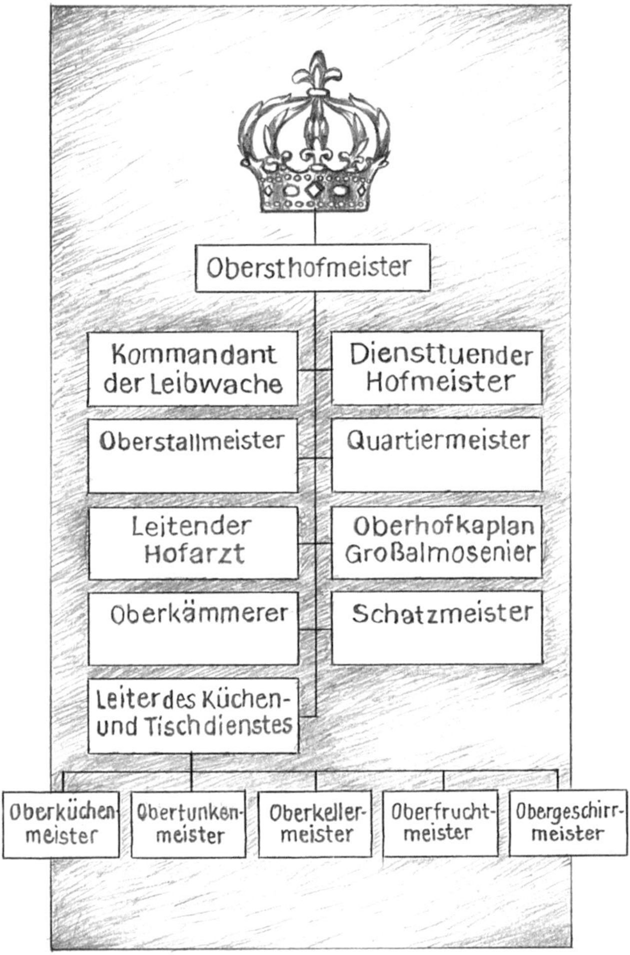

Obersthofmeister
Kommandant der Leibwache
Diensttuender Hofmeister
Oberstallmeister
Quartiermeister
Leitender Hofarzt
Oberhofkaplan Großalmosenier
Oberkämmerer
Schatzmeister
Leiter des Küchen- und Tischdienstes
Oberküchenmeister
Obertunkenmeister
Oberkellermeister
Oberfruchtmeister
Obergeschirrmeister

Das alte Spiel:
Groteske Szenen bei Hofe

Wir alle sind ein Produkt unserer eigenen Geschichte. In der Vergangenheit sind Spuren angelegt, die Menschen, Unternehmen und Institutionen prägen. Um die Gegenwart zu verstehen und die Zukunft abschätzen zu können, lohnt ein Blick zurück in die »gute alte Zeit«, in der Strukturen und klare Machtabgrenzungen für Stabilität und Orientierung sorgten.

An der Spitze des Hofes herrscht der König, von Gottes Gnaden, ein überirdischer Repräsentant seiner Untertanen, deren Wohl von ihm abhängt. Ihm untersteht eine formale, stark abgestufte Hierarchie mit einer Fülle bürokratischer Regelungen.
Organisiert wird dieser Hofstaat vom sogenannten Obersthofmeister, einer Art Generalmanager. Er ist einerseits offizieller Ansprechpartner für alle Fragen, die direkt den König betreffen, und zieht andererseits die Fäden im Hintergrund. Ein guter Obersthofmeister weiß alles zu jeder Zeit, v.a. all das,

was zur machtorientierten Ausübung seines Amtes notwendig ist.

Ihm unterstehen die diensttuenden Hofmeister und Chefbeamten der verschiedenen Dienstapparate, wie z.B. der Chef der Leibgarde, der Zeugmeister etc.

Eine Sonderstellung nimmt dabei der Leiter des Küchen- und Tischdienstes ein (Amelunxen 1991: 13f.).

»Entsprechend der mystischen Bedeutung, die jeder Nahrungsaufnahme des Herrschers für sein und des Volkes Wohlergehen zukommt, ist der entsprechende Dienst in fast unbeschreiblicher Weise überorganisiert. Fünf hohe, gleichrangige, nicht immer perfekt kollaborierende Beamte sind für ihn zuständig...« (Amelunxen 1991: 13).

Es gab den Obergeschirrmeister, den Oberfruchtmeister, den Obertunkenmeister, den Oberkellermeister und schließlich den Oberküchenmeister.

Dieses Zeremoniell ist uns heute vermutlich verloren gegangen; aber wir haben es durch andere ritualisierte Strukturen ersetzt: Der Top Manager hat seinen ersten und zweiten Vorstandsassistenten, zwei Chefsekretärinnen, einen Stab von Mitarbeitenden, einen Chauffeur etc.

Damals wie heute: Es gibt viel zu tun. Zum Beispiel beim alljährlichen Hofzeremoniell, einer Veranstaltung gleichermaßen für den König wie für sein Volk.

Bis in das kleinste Detail vorbereitet, erweisen die Stände und einzelnen Regionen dem König durch Schauspiele und Gesänge ihre Ehre. Schreiber und Stadtknechte, Hofräte und Ratsherren, Kämmerer und Kleriker, kurz gesagt ist alles vertreten, was Rang und Namen hat oder bekommen möchte. Die Vorbereitung nimmt bis zu einem ganzen Jahr in Anspruch, und ein spezielles Komitee steht unter höchster Anspannung, diesen Tag zu einem Event zu machen.

Dies erinnert an alljährliche Hauptversammlungen großer Aktiengesellschaften.

Bei einem deutschen Versicherungskonzern mit ca. 30.000 Mitarbeitenden belaufen sich die finanziellen Aufwendungen für die jährliche Hauptversammlung auf etwa drei Millionen Euro und auf über 2.000 Personentage Vorbereitungszeit. Bei Großkonzernen beziffern sich die Kosten auf ein Vielfaches.

Das Problem ist weniger, dass solche Großveranstaltungen professionell organisiert werden müssen. Für uns stellt sich die Frage, ob diese Versammlungen ihren Zweck noch erfüllen können. Stellen sie tatsächlich den Kontakt zum Aktionärsvolk her, bieten sie Möglichkeiten zum Dialog, und sind sie wirklich geeignet, die »Fürsten« zum Nachdenken anzuregen?
Die hohe Professionalität und die involvierten Ressourcen in Form vorbereitender Stäbe und assistierender Expertengremien sind eher dazu geeignet, die Distanz der Entscheidungsträger zu den Anspruchsgruppen zu erhöhen.

Da bleibt nur die Hoffnung, im privaten Umfeld die verlorene Bodenhaftung zurückzugewinnen.
Bei Hofe begab man sich zu diesem Zweck auf die Falkenjagd. Im Kreise von Freunden wurden wichtige Neuigkeiten ausgetauscht sowie Verbindungen gepflegt. Doch statt im informellen Gespräch oder in der Stille der Natur nachzudenken, wurde dieser Anlass vorrangig dazu genutzt, um unter Seinesglei-

chen Macht und Status zu erhalten, wenn möglich zu erweitern.
Auch heute gibt es diese Orte der Stille, an denen berufliche und gesellschaftliche Eliten, abgeschirmt von Kameras und Mikrofonen und ohne Kontakt zur Außenwelt, zur Ruhe kommen, z.B. den Royal Golf and Country Club.

Bedenklich treffend beschreibt Daniel Goeudevert in seinem Buch - Mit Träumen beginnt die Realität - die eigene Welt der Top-Eliten: »Man ist fast immer mit den selben Leuten zusammen, trifft Entscheidungen in Sitzungen, die stereotyp, steril und höchst akademisch ablaufen. Man weiß nicht mehr, wie viel ein Pfund Butter kostet, oder wie man seine Tochter im Handballverein anmeldet.«
Weiter sagt er: »Man ist, wenn einen der Beruf derart einspannte und abschirmte, vieler normaler Fähigkeiten, die die Verbindung zum wirklichen Leben stiften, enteignet, beraubt. Man wird, trotz der vielen Menschen um einen herum, einsam und autistisch, geradezu monströs: ein artifizielles Geschöpf, ein Kunstwesen, das sich in einer kleinen, abge-

schlossenen Welt, in einer Art Luxusghetto bewegt. Es ist darüber hinaus eine Welt, die sich gern mit der Aura der Unfehlbarkeit umgibt.«
Seine Analyse der Realitätsentfremdung gipfelt in den Worten:
»Alles, worüber man debattiert, wird von Stäben und Mitarbeitenden so vorbereitet und so versachlicht, dass das Gefühl, persönlich mal einen Fehler gemacht zu haben, gar nicht mehr entstehen kann.« (Goeudevert 2000: 109, 111).
Und hier liegt u.E. das eigentliche Problem: in der Abgeschiedenheit der Top-Eliten, egal ob an historischen Höfen oder modernen Organisationen.

Die ewigen Säulen: Heilige Herrschaft, Misstrauen und Rollenspiele

In privatwirtschaftlichen Unternehmen und öffentlichen Verwaltungen erkennen wir viele mit dem mittelalterlichen Hofleben vergleichbare, groteske Szenen, und es fällt schwer zu glauben, dass ein halbes Jahrtausend dazwischen liegt. Die Ähnlichkeit beobachtbarer Strukturen, Symbole und Rituale an den historischen und modernen Höfen ist erstaunlich groß. Drei ewige Säulen, auf denen höfisches Leben basiert, sind besonders augenfällig.

Heilige Herrschaft

Auch moderne Organisationen gehorchen ähnlich historischen Höfen einer heiligen Ordnung. In der personenzentrierten Herrschaftsstruktur sind Kompetenzen und Verantwortungen eindeutig geregelt und Über- und Unterstellungen klar erkennbar. Dies führt zu folgendem Systemfehler: Dem Gesetz der Informatik folgend halbiert jede Schnittstelle die Information und verdoppelt

das Rauschen. Oder mit den Worten F.B. Simons: »Hierarchische Strukturen basieren auf der Prämisse, dass derjenige, der in der Hierarchie am weitesten oben steht, den größten Überblick hat. Er wird im Vergleich zu denen da unten als ein privilegierter Beobachter angesehen, der im Idealfall über alle wichtigen Informationen verfügt. Früher, als die Heerführer noch auf Feldherrnhügeln standen, mag das ja der Fall gewesen sein. Aus seiner erhöhten Stellung sah der Kriegsherr das gesamte Schlachtfeld. (...) Konstruktivismus und Systemtheorie zeigen uns aber ziemlich deutlich, dass die Idee, man könne alle Informationen über ein solch komplexes System wie ein Unternehmen oder einen Markt haben, irrig ist. (...) Der Manager steht nicht außerhalb des Spielfeldes, und er sieht weder all die anderen Figuren, die mit ihm auf dem Feld stehen, noch weiß er, welche Schachzüge möglich sind, ja, er kann nicht einmal sicher sein, dass am nächsten Tag noch dieselben Spielregeln gelten« (Simon 1997: 133f.).
Erlauben Sie uns zur Illustration einen Exkurs in die Tierwelt.

Wissen Sie, weshalb der Silberrücken seine Kartoffeln mit Sand frisst?

Makaken, eine Untergruppe der Paviane, leben in streng hierarchisch strukturierten Gruppen, bestehend aus 50 bis 100 Mitgliedern. (Kleingarn 1997: 174 ff.). Der jeweilige Rang richtet sich nach Alter oder Abstammung. An der Spitze einer z.B. achtzigköpfigen Makakengruppe steht der sogenannte Alphamann. Diesem untergeordnet folgen acht erwachsene Männchen, achtzehn erwachsene Weibchen und in der Hierarchie ganz unten ca. fünfzig männliche und weibliche Jungtiere. Allein der Alphamann bestimmt, welche Nahrungsquellen genutzt werden und wann sich das Kollektiv in Bewegung setzt. Fortpflanzung findet nur zwischen den ranghöchsten Makaken statt.

Auch in äußeren Erscheinungsmerkmalen spiegelt sich die hierarchische Stellung wider. Erwachsene Männchen heben sich durch Brustumfang, Eckzähne und eine bis zu vierfache Größe von den Weibchen ab, und der Alphamann verfügt als Einziger über einen silbernen Rückenstreifen.

Während eines Freiluftexperiments wird eine

Makakengruppe mit Kartoffeln gefüttert. Aufgrund seines Spieltriebes wirft ein jugendliches Weibchen eine Kartoffel ins Wasser und lernt durch diesen Zufall, Kartoffeln ohne Sand zu fressen. Fortan wäscht das Weibchen jede Kartoffel vor dem Verzehr. Seine Erfahrungen kommuniziert das Jungtier an gleichaltrige Spielkameraden und Geschwister.

Ein Jahr später waschen auch ältere, allerdings ausschließlich der Verwandtschaftsgruppe der Pionierin angehörende Makaken ihre Kartoffeln.

Drei Jahre später bringt erstmals ein Makakenweibchen seinem Jungen die neue Technik bei.

Zehn Jahre später fressen die ranghöchsten Männchen, darunter der Silberrücken, ihre Kartoffeln nach wie vor voller Sand oder spucken diesen mühsam aus.

In einer hierarchisch strukturierten Population wie der der Makaken verhindern institutionalisierte, vertikale Lernblockaden, dass Ranghohe von Rangniederen lernen. Makaken, die eine zentrale Stellung innerhalb der Gruppe einnehmen, geben ihr Wissen an andere weiter, nehmen aber selbst kein fremdes Wissen

an. Im Vergleich zu den Jungtieren ist ihre Experimentierfreudigkeit zudem schwächer ausgeprägt. Sie wiederholen Verhaltensweisen von gestern und scheuen Risiken.
In der Pyramide der Evolution folgen die hierarchisch organisierten Makaken erst nach den Gorillas, Orang-Utans und den Gibbons. An der Spitze stehen mit den heterarchisch organisierten Schimpansen die am höchsten entwickelten Menschenaffen. Der Unterschied im Entwicklungsniveau zwischen Menschen und Schimpansen ist wesentlich geringer als derjenige zwischen Schimpansen und Makaken. Hat also die eingeschränkte Lernfähigkeit der Makaken Implikationen auf das Entwicklungsniveau dieser Affenart?

Graue Schläfen und silberner Rückenstreifen?

Lassen Sie uns einen Versuch der Übertragung auf moderne, hierarchisch strukturierte Organisationen wagen. Wir sehen u.a. vier typische Effekte mit hoher Eigendynamik.

Entscheidungszentralisation: In top-down geführten Organisationen werden wichtige Entscheidungen von wenigen Führungskräften, den Hierarchen, getroffen. Auf die Nutzung des Kreativpotentials durch Involvierung Direktbetroffener wird weitgehend verzichtet.

Problemrückdelegation: Hierarchisch ausgelegte Strukturen beinhalten eine Vielzahl rein koordinierender Führungsfunktionen. Ihre Legitimation wird maßgeblich von der Annahme bestimmt, unterstellte Mitarbeitende könnten ihre Probleme nicht eigenverantwortlich lösen und würden deshalb rückdelegieren. Absicherungs- und Rückversicherungsverhalten sind die Folge. Die Qualität der getroffenen Entscheidungen ist suboptimal, der Sachverstand Direktbetroffener wird nur begrenzt einbezogen.

Entantwortlichte Mitarbeitende: In hierarchischen Strukturen sind Eigenverantwortlichkeit und Selbstorganisationsgrad tendenziell schwach ausgeprägt. In einem durch Fremdorganisation dominierten Umfeld sind letztlich nur wenige bereit und autorisiert, Entscheidungen mit Ergebnisverantwortung zu fällen. Oder mit den Worten von R.K. Sprenger: »Es ist schwer, das Lied der Selbstverantwortung auf der Leier der Hierarchie zu spielen.«

Lernblockaden und Informations-Pathologien: Je höher in der Hierarchie, desto größer die Gefahr, dass Informationen nur noch gefiltert ankommen. Ehrliches und zeitgerechtes Feedback erhält ein Hierarch selten - höchstens noch von den eigenen Kindern. Derart mit Blindheit versorgt, können verständlicherweise nur wenige der verlockenden Versuchung widerstehen, sich selbst permanent zu bestätigen und zu überschätzen. Frei nach George Bernard Shaw: »Menschen lassen sich lieber durch Lob ruinieren als durch Kritik verbessern.«

Hierarchen tendieren zur Lernresistenz, unterliegen dem Mythos der Omnikompetenz und exkulpieren sich oft durch Sachzwänge.

Misstrauen

Als stolzer Besitzer eines Flohzirkus halten Sie Ihre Flöhe in einer Schachtel. Mit der Zeit wird Ihnen das chaotisch anmutende Springen Ihrer Lieblinge unangenehm. Sie legen einen Deckel auf die Schachtel. Zu Beginn springen die Flöhe munter weiter, und Sie hören, wie diese sich den Kopf am Deckel anschlagen. Mit der Zeit wird es ruhig. Ein gutes Gefühl, denn die Ruhe suggeriert Ordnung. Bei Trainingsbeginn für die kommende Saison entfernen Sie den Deckel. Erstaunt stellen Sie fest, dass Ihre Flöhe - selbst bei offener Schachtel - nicht mehr springen. Erfolglos versuchen Sie, die Tiere wieder zu Höchst-leistungen zu animieren. Zum Beispiel durch Futter oder Feuer unter der Schachtel. Letztlich überlegen Sie sogar, die Flöhe auszuwechseln. Doch auch diese naheliegende Radikalmaßnahme ist nicht zielführend, da Sie davon ausgehen müssen, dass neue Flöhe ein intensives Aufbautraining benötigen, um zumindest den Stand ihrer Vorganger, den Doppelsalto, zu erreichen.

A
B
D
E
F

Auch schon erlebt, dass Flöhe nicht mehr springen?

Viele Vorgesetze empfinden die in ihren Wirkungen schwer abschätzbare Eigeninitiative ihrer Mitarbeitenden als unangenehm und misstrauen ihr insgeheim. Mit organisatorischen Anweisungen, bürokratischen Regelungen und rigiden Kontrollsystemen sorgen sie vordergründig für die nötige Disziplinierung und Berechenbarkeit menschlicher Unvollkommenheit. Jegliche Individualität wird buchstäblich gedeckelt. Typisch für misstrauensbasierte Organisationen ist die Auslegung derartiger Systeme auf den schlimmsten aller denkbaren Fälle. Dem Ordnungs- und Stabilitätsprinzip folgend wird bspw. das Controlling so konzipiert, dass es allen eventuellen innerbetrieblichen Missbräuchen gerecht wird: Prophylaxe für den worst case.

In einem großen deutschen Versicherungskonzern war es in der Vergangenheit selbstverständlich, dass Mitarbeitende auf Dienstreise ihre Geschäftskleidung auf Kosten der Firma reinigen lassen konnten. Hin und wieder kam es vor, dass ein Mitarbeiter extra von zu Hause seine Schmutzwäsche mit-

nahm, nur um sie im Hotel auf Firmenkosten waschen zu lassen. Reaktion auf diesen Missbrauch war ein firmenweiter Wäscheerlass: Wäsche waschen nur jeden zweiten Tag ein Hemd. Diese Regelung galt auch für heiße Länder ...
Verschwitzte Hemdkragen in Besprechungen mit einem wichtigen Kunden mögen ein Detail sein. Loyalitätsverluste und Frustration bei Mitarbeitenden auch?
Mangelndes Vertrauen kann niemals durch Verordnungen kompensiert werden. Die wenigen Mitarbeitenden, die Vertrauen missbrauchen, lassen sich auf diese Art nicht disziplinieren. Mit Sicherheit aber frustriert man die Vertrauenswürdigen und kanalisiert kreative Energie in Richtung Systembetrug.

Rollenspiele

»Höfisches Leben« in modernen Organisationen ist geprägt von Ritualen, Zeremonien, Intrigen und Seilschaften. Auch im heutigen Politik- und Wirtschaftsalltag ist geschmeidiges Ein- und Unterordnen, politisches Taktieren sowie die Beachtung informeller Spielregeln überlebensentscheidend.

Sporen unter dem Tisch auch schon zu spüren bekommen?

In Sitzungen, Tagungen und Gesprächen erleben wir oft die typischen Rollenspiele. Verdeckt und subtil wird - mit oder ohne Sporen – taktiert, wohl abwägend zwischen den eigenen Zielen und den möglichen Reaktionen des Gegenübers. Nicht sachorientierte Lösung des Problems, sondern individuelle Nutzenmaximierung dominiert viele Verhandlungsprozesse.

Nur betroffen von oder auch beteiligt an grotesken Rollenspielen?

Wien, Vorstandsetage: Initiiert durch die Vertreter der zweiten Führungsebene einer Großbank kommt es zu einer offiziellen Aussprache mit dem Vorstand. Ziel ist es, irritierende Faktoren der Zusammenarbeit offen anzusprechen und gemeinsam Lösungen zu erarbeiten. Die Aussprache verkümmert zu einem Rollenspiel. Mangels Zivilcourage kommen die wirklich kritischen Beobachtungen nicht auf den Tisch. Thematisiert werden »Nebenkriegschauplätze« und Banalitäten. Der Vorgesetzte wird zum wich-

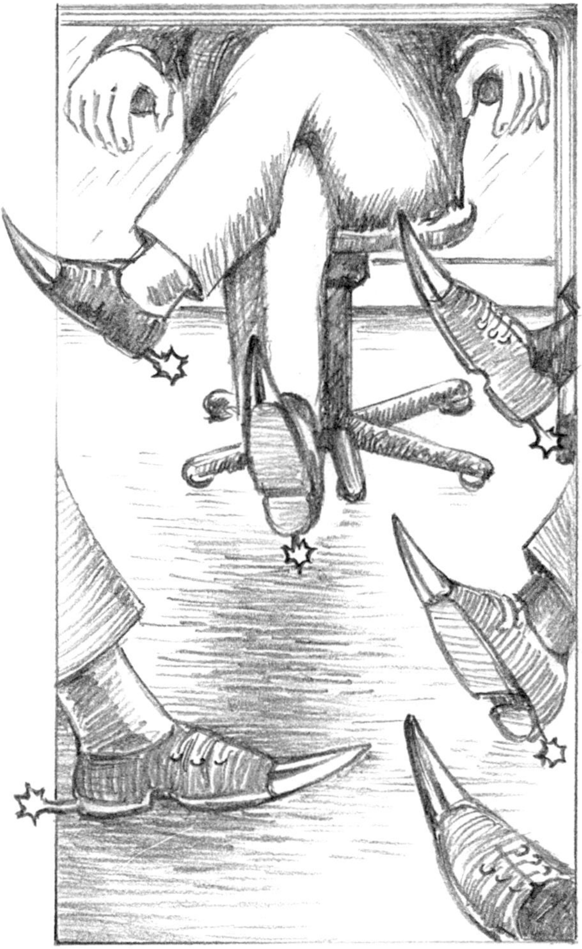

tigsten Kunden, und die eigene Karriere hat Vorrang vor der eigenen Meinung.

München, Universitätscampus: Der für die Hörsaalinfrastruktur zuständige Techniker stellt fest, dass die geplante Vorlesung, bei der seine Anwesenheit erforderlich ist, nicht stattfindet. Damit er sein Stundenkontingent erfüllen kann, sitzt er zwei Stunden lang untätig im Hörsaal. In der Logik des Systems ein völlig rationales Verhalten. Denn honoriert wird abgesessene Zeit und nicht erbrachte Leistung.

Zürich, Verwaltungsgebäude: Es ist bereits 19.30 Uhr, als das Licht im Chefbüro ausgeht. Endlich, das Signal für karrierebewusste Mitarbeitende, den Arbeitsplatz ebenfalls verlassen zu können. Ein oft beobachtbares und verständliches Verhalten in einem Klima mit ausgeprägter Vorbildkultur.

Rollenspiele lassen sich aber auch in der Art erkennen, wie Systeme gelebt werden. Trotz Existenz eines Beurteilungssystems wird soziale Ähnlichkeit befördert, oder in einer

Kultur karriereorientierter Selbstoptimierung degeneriert das 360°-Feedback zur reinen Farce (Sprenger 2001: 63ff.). Die Folgen dieser Rollenspiele sind gravierend, und nicht selten geht das opportunistische Handeln bis zur Selbstaufgabe.

Betrachten wir die drei Merkmale, heilige Herrschaft, Misstrauen und Rollenspiele, so erkennen wir nur wenige Unterschiede zwischen historischen Höfen und heutigen Organisationen.

»So hätten, behaupten die Mathematiker, Könige und Narren ein und dasselbe Horoskop.«

Rabelais

Chiefs and Jesters

Zwei Seiten ein und derselben Medaille

- Ursprung und Aufstieg des Hofnarren

- Funktion und Status oder das Verhältnis zu seinem Herrn

- Konkurrenz und Verbannung

Ursprung und Aufstieg des Hofnarren

Vergleichen wir Symbole, Rituale und Strukturen, vor allem aber die Mechanismen, die in diesen Strukturen ablaufen, so fällt es schwer, gravierende Unterschiede auszumachen. Und ein Zeitreisender, der aus der Vergangenheit zu uns kommt und sich hier umsieht, würde sagen: »Diese hohen Türme und Paläste, die gleißenden Fassaden der Macht und des Geldes, all diese großen, schönen Karossen; das habe ich alles schon mal gesehen, das kenne ich!« Aber es fehlt etwas, eine Figur, die an allen historischen Höfen präsent war, sich im europäischen Mittelalter erst über Jahrzehnte hinweg langsam entwickeln musste und deren Blütezeit sich über mehrere Jahrhunderte erstreckte: der Hofnarr.
Was ist das Besondere an dieser Figur? Wer ist dieser Fürst des Durcheinanders, dieser »Lord of Disorder« (Zucker 1969: 75ff.), wie er genannt wird, der vom Spielmann aus dem einfachen Volk der Gaukler und Jongleure, der Beutelschneider und Betrüger aufsteigt zu einer Staatsfigur, die ihn in eine Position

bringt, in der er, und nur er, aus seinem Herrn einen Narren machen darf. Wir wollen dieses diffuse Bild etwas schärfer stellen und Ihnen einen kleinen Einblick geben in Ursprung und Aufstieg, Funktion und Status sowie abschließend in die Konkurrenz, der diese Figur ausgesetzt war und die letztlich zu ihrer Verbannung geführt hat.

Den Ursprung des Hofnarren finden wir in der Mythologie. Dort reicht seine Existenz weit zurück bis in vorchristliche Zeit. Bereits auf dem Olymp gab es einen Momos, den Gott der Kritik, der die olympischen Götter aufs Korn genommen hatte (Lever 1983: 88). Homer erwähnt in der Ilias einen Militärbelustiger, und auch im Alten Testament finden wir in der Nähe von Salomon und David Belustiger, Narren und ähnliche Figuren.

Bald darauf begegnet er uns im Orient wieder. Es ist der türkische Serail, der wesentlich früher als in Europa zu einer festen Bastion des Hofnarren wird. Es sind die osmanischen Sultane, die als erste dem Narrenamt Würde, Gehalt, Status und sogar eine Pension geben.

In Europa zur selben Zeit, dem Mittelalter, gestaltet sich die Situation etwas schwieriger. Es gibt keine vergleichbaren Höfe oder Residenzen, weil die Fürsten einen Großteil ihrer Zeit im Sattel bzw. im Zelt verbringen: Sie befinden sich andauernd im Krieg. In den wohl bedeutendsten Kriegen dieser Zeit, den Kreuzzügen, begegnen sie erstmals im Orient der Institution des Hofnarren.
In Europa lässt die Entwicklung des Hofnarren zu einem offiziellen Amt jedoch noch geraume Zeit auf sich warten. Der Hofnarr frühen europäischen Zuschnitts gleicht eher einer diffusen Mischung aus Kämpfer, derbem Possenreißer, Raufbold und Trinker; ohne Rechtsposition und ständig unterwegs mit dem militärischen Tross des Fürsten.

Die Blütezeit beginnt erst Mitte des 15. Jh.s, erstreckt sich dafür aber über beinahe drei Jahrhunderte, bis zur Mitte des 18. Jh.s. (Amelunxen 1991: 11, 13f.).

Die Reifung des Hofnarrentums im heutigen Verständnis bedurfte, anders gesagt, der Entwicklung fester Residenzen mit minutiös durchreglementiertem Hofzeremoniell. Diese Evolution höfischen Lebens nimmt ihren Anfang im Herzogtum Burgund, das als die Wiege europäischer höfischer Kultur gilt. Erst hier und später im als führend geltenden spanischen Hofzeremoniell wird der Hofnarr zur Staatsfigur und gelangt als Institution voll zur Entfaltung. Jetzt erst – um die Mitte des 13. bis Mitte des 14. Jahrhunderts – kommt es zur klaren Trennung vom gemeinen Volk der fahrenden Sänger, Spielleute und Jongleure, aber auch der Taschenspieler und Beutelschneider. Ein eigenständiges Berufsbild entsteht, ja der Hofnarr kommt sogar in den Genuss der Verbeamtung.

Funktion und Status oder das Verhältnis zu seinem Herrn

Aber welche Funktionen hat dieses nun offizielle und wohldotierte Amt zu erfüllen, und welcher Status wird ihm dabei zuteil?
Sehen wir zunächst, ob uns die Bedeutung des Wortes »Narr« Aufschluss darüber geben kann. Hierzu zwei Theorien:

Zunächst die etymologische. Sie argumentiert über die Herkunft des Begriffes und unterstellt eine Verwandtschaft zum mittellateinischen nario = Spötter, von narire. Wenngleich diese Theorie der Wortbedeutung mittlerweile als unhaltbar eingestuft wird, da das Wort Narr in keiner mit dem Latein verwandten romanischen Sprache vorkommt, so verrät sie doch eine Menge über das Aufgabenspektrum der Figur.

Die zweite Theorie argumentiert lautsymbolisch und sieht die Herkunft des Wortes vom Geräusch der mitgeführten Ratsche, Rassel oder Klapper und damit aus der Ableitung des Klangtypus -arren: narren, nerren, was auf Mittelhochdeutsch soviel heißt wie knarren, scharren.

Ursprung ist ein grober Knüppel zur Selbstverteidigung, zum lärmenden Ankündigen einer Darbietung und als Wanderstab. Dieser Knüppel entwickelt sich später in mehrere Richtungen weiter: einerseits eben zur Ratsche oder Rassel sowie zu den Keulen der Jongleure, andererseits zur sogenannten

Marotte, dem Zepter des Hofnarren, einem Stab aus Holz, auf dessen Spitze ein kleines geschnitztes Portrait aufgesteckt ist. Es zeigt den Narren selbst. Von dort ist es nicht mehr weit zum berühmten Narrenspiegel, dem Utensil, mit dem der Narr mindestens ebenso häufig dargestellt wird wie mit der Marotte.

Die vordergründige Funktion

Im Gegensatz zum deutschen Wort Narr erschließt sich die vordergründige Funktion unmittelbar aus dem englischen Begriff Jester. Das Wort leitet sich aus dem lat. iocus, der Scherz, der Witz ab und zeigt die enge Verwandtschaft zum Wort joust, welches Spiel, Spass oder dergleichen meint. Der Hofnarr ist also in erster Linie ein Spaßmacher. Seine Aufgabe besteht darin, den Herrn samt Familie und Gäste zu zerstreuen und zu erheitern. Zu diesem Zweck baut er vorrangig auf lustige Geschichten.

Ein guter Narr muss eine Unmenge von Geschichten, Anekdoten, Reimen und Fabeln kennen; mehr noch, er muss selbst Verse, Lieder, aber auch Spiele, Rätsel und Wortspiele erfinden können. Man bedenke, es gab keine Massenmedien, in den Anfängen nicht einmal Buchdruck in größerem Umfang, geschweige denn Zeitungen oder dergleichen, ganz abgesehen von der damaligen Analphabetismusquote, auch unter Herrschern.

Da der Hofnarr dabei zumeist alleine auftritt, wird ferner von ihm erwartet, dass er tanzen und musizieren kann, Akrobatik beherrscht und auch keine Scheu vor Clownerie und Pantomime hat. Zusammengefasst: eine durchaus anspruchsvolle One-Man-Show mit entsprechend umfangreicher Stellenbeschreibung.
Aus dieser Tätigkeit heraus entsteht eine gewisse Nähe zum Fürsten. Sie bringt im Verlauf der Zeit eine weitere Funktion mit sich, die den Hofnarren letzten Endes berühmt machen wird und von der dieses Buch handelt: die Funktion der Beratung und der *Reflexion*, des Überdenkens und Unterbrechens.

Die hintergründige Funktion
Reflexion, lateinisch »reflectio«, heißt zurückbeugen und meint das prüfende, verglei-

chende Nachdenken, besonders über eigene Handlungen, Gedanken und Empfindungen. Ausgangspunkt jeder Analyse über Reflexion, m.a.W. über die hintergründige Funktion und damit die eigentliche historische Bedeutung des court jesters, des licensed fool ist das Rechtsprivileg der Redefreiheit (Amelunxen 1991: 7f.).

Erneut finden wir den Ursprung im Orient. Die Verhältnisse dort sind seinerzeit einfach. Der Mensch bewegt sich zwischen Macht und Gehorsam, und beides ist gleichermaßen absolut: Macht auf der einen Seite, Gehorsam auf der anderen. Einzig der Tor ist von dieser streng digitalen Konstellation ausgenommen; denn nur Torheit, Verrücktheit oder nackter Wahnsinn bieten einem Untertanen die Möglichkeit, aus der Pflicht zur Unterwerfung entlassen zu werden. Torheit – so heißt es – sei eine göttliche Auszeichnung, denn durch den Verrückten spreche Gott zu den Menschen. Solche Narren werden von ihren Mitmenschen mit Ehrfurcht und frommer Scheu bedacht, für ihr Reden und Handeln nicht verantwortlich gemacht und stehen somit außerhalb der strengen Gesetze.

Auf gleiche Weise außerhalb der Gesetze steht nur der Herrscher als Gesandter Gottes, als Herrscher von Gottes Gnaden. Weder Fürst noch Narr können folglich Unrecht tun, was die beiden, Macht und Geist, Hierarchie und ihre spöttische Spiegelung, von Anbeginn auf überirdische Weise miteinander verbindet und sie zu zwei Seiten ein und derselben Medaille macht. Könige und Narren, so geht die Überlieferung, hätten ein und dasselbe Horoskop.

In Europa dagegen, insbesondere seit der Zeit der an den Höfen institutionalisierten Narren, ist die Lage etwas profaner: Hier gilt Redefreiheit schlicht als Lohn für den bisweilen durchaus mühseligen Auftrag, den Herrscher mit Späßen bei Laune zu halten. Und eben hier setzt die Strategie des Hofnarren an, unter der Narrenkappe getarnt, den Herren politisch zu beraten und ihn zur Reflexion über sein Herrschaftsverhalten und – heute würde man sagen – seinen Führungsstil anzuregen.

Dieser kurze Blick in die Geschichte klärt, weshalb die beiden denn auch sehr oft

gemeinsam abgebildet sind und weshalb so häufig ein Spiegel mit im Spiel ist. Der Hofnarr ist der Spiegel seines Herrn. Er hält ihm den Spiegel vor, gibt ihm die Möglichkeit, sich selbst wiederzuerkennen, fernab von offiziellen, geschönten Portraits, ganz so, wie es bei Bert Brecht heißt: »bis zur Kenntlichkeit entstellt«. Die Geschichten und Anekdoten zu Beratung und Reflexion – der Hauptaufgabe des Narren – füllen Bände. Deshalb nachfolgend nur zwei Klassiker, die unseres Erachtens das Hintergründige, den berühmt-berüchtigten Schalk dieser Figur, aber auch ihre Zeitlosigkeit und Aktualität besonders gut einfangen. (Amelunxen 1991).

Über den Umgang mit der eigenen Angst

Triboulet war einer der berühmtesten Narren seiner Zunft. Er diente Francois I., König von Frankreich, und wusste genauestens Bescheid über dessen angespanntes Verhältnis zum gefürchteten Heinrich VIII. von England.
Eines Tages entfernt Triboulet im Salon der französischen Residenz das Portrait des Erzfeindes und hängt es an einem stillen Örtchen, wohin auch sein König Francois zu

Fuß gehen muss, wieder auf. Darauf vom König angesprochen, antwortet er: »Majestät haben gewiss immer die Hosen voll, wenn sie das Bild nur ansehen!«

Opfer des Systems

Kaiser Ferdinand hatte einen Narren namens Jonas. Dieser Jonas wurde Zeuge eines Verfahrens, bei dem ein einfacher Soldat für ein Vergehen hingerichtet werden sollte, das sein militärischer Vorgesetzter zu verantworten hatte.

Jonas beobachtet die Vorbereitungen zur Hinrichtung, als sein Kaiser vorbeikommt und ihn aus den Gedanken reißt: »Und Jonas, wie sieht es aus, steht der Galgen, wird der Strick auch halten?« »Ja, ja, Sire, gewiss Sire«, antwortet Jonas leise, »nur ich fürchte, man muss höher hängen, man hängt zu niedrig.«

Der Narr im »Untergrund«

Im Verlauf der Geschichte schottet sich das System Hofstaat sukzessive gegenüber Einflüssen von außen ab und konzentriert sich ganz auf interne Ausdifferenzierung. Durch diese Entwicklung, die im Feudalsystem bereits angelegt ist und die in der höfischen Gesellschaft ins Extrem getrieben wird, droht der Herrscher vollends die Bodenhaftung zu verlieren. Während Adel und höherer Klerus ihr Augenmerk ganz auf die Mechanismen im Inneren des Systems richten, wie Trabanten um das Machtzentrum rotieren und dabei bestenfalls einen eifersüchtigen Seitenblick auf die jeweils aktuelle Wettbewerbslage untereinander übrig haben, bleibt mit dem Hofnarren nur noch eine Figur, die im Stande wäre, die Verbindung zwischen der herrschaftlichen Spitze und dem Unterbau, dem einfachen Volk, aufrecht zu erhalten.

Heute steht dieser Unterbau für alle Mitarbeitende mittlerer und unterer Ebenen, aber auch für den Markt, den Kunden und das gesellschaftliche Umfeld.

Ein Hofnarr, genauer gesagt eine Hofnärrin, die im Besonderen durch diese *untergründige* Funktion, die ständige Kontaktpflege zur Basis, in die Geschichte ihrer Zunft eingegangen ist, ist Mathurine. Ihr wahrer Name ist unbekannt, sie nennt sich vermutlich nach Mathurin, einem Heiligen, den man zu ihrer

Zeit anzurufen pflegte, wenn man einen Verrückten heilen wollte.
Von ihr, übrigens der einzigen überlieferten Närrin in der Geschichte ihres Standes, wird berichtet, wie sie zu Zeiten Heinrichs IV. allwöchentlich durch die Pariser Innenstadt reitet, mit Ladenbesitzern und Passanten ein Schwätzchen hält, auf dem Markt im Kreise der Marktfrauen über die Gesundheit der königlichen Familie berichtet oder den neuesten Hofklatsch zum Besten gibt. So nährt sie den Mythos vom »guten König Heinrich« und seiner berühmten Devise vom »Huhn in jeden Topf«, den Mythos vom Volksmonarchen, dem einzigen König, an den sich das Volk erinnert, wie das Zeitalter der Aufklärung ihn später nennen wird (Lever 1983: 184ff.).

Zeiten, Titel und Figuren haben gewechselt, jedoch das Problem, die Beziehung zur Basis nicht abreißen zu lassen, ist uns bis heute erhalten geblieben. »Management by walking around«, »customer relationship management« oder »stakeholder orientation« lauten die entsprechenden Antworten darauf, die in jedem Managementbuch nachzulesen sind.

Konkurrenz und Verbannung

Dass eine derart exponierte Stellung, die primär von der Rechtsposition der Redefreiheit lebt, mit der die Möglichkeit verbunden ist, dem Herrn jederzeit und ohne Voranmeldung die ungeschminkte Wahrheit zu sagen, nicht ohne Konkurrenz bleibt, versteht sich von selbst.

Konkurrenz des Wortes

Auf der Suche nach ernsthaften Konkurrenten stößt man schnell auf die Dichter. Die Spannungen im Verhältnis zwischen den Dichtern und den Hofnarren liegen in der Natur des Metiers: Beide sind Männer des Wortes, die einen des geschriebenen, die anderen des gesprochenen. Aber Lesen erfordert, wie man weiß, eine gewisse Anstrengung, und so scheint es verständlich, dass in erster Linie der Narr und nicht der Dichter das Gehör und damit den Zugang zur Geldbörse seines Herren findet.
Bereits im 13. Jh. muss Dante sich mit dem Spott des Hofnarren von Verona auseinandersetzen, weshalb er, der berühmte Dichter, bei

aller Gelehrsamkeit noch nicht einmal halb so viel verdiene, wie jener, der Narr. Ob zurecht oder nicht, auch hier hat sich bis heute nicht viel geändert: Berater werden für ihre Ratschläge i.d.R. immer noch entschieden besser bezahlt als betriebswirtschaftliche Forscher für ihre Bücher.

Um 1500 notiert Erasmus von Rotterdam, die Narren seien inzwischen bei den großen Herren so beliebt, dass manch einer ohne jene keinen Schritt mehr tun könne, weder zum Essen noch zur Jagd, geschweige denn in Amtsgeschäften.
Erasmus ist gleichzeitig vielleicht der einzige, der einen erfolgreichen Weg findet, dieses Zugangsmonopol zu umgehen. Er erfindet »Stultitia«, die Göttin der Torheit, und lässt sie in seinem ebenso berühmten wie zeitlosen Buch »Lob der Torheit« augenzwinkernd, aber doch schonungslos Herrscher, Adel und höheren Klerus an den Pranger stellen.
Allen anderen Dichtern bleibt nur, die Konkurrenz mit den Hofnarren zu geißeln und sich erzürnt über den Skandal zu verbreiten, dass die Dichter, die ja eigentlich für Reflexion

und Beratung prädestiniert wären, sich an den Hofnarren halten müssen, um sich beim Fürsten überhaupt Gehör zu verschaffen.

Derlei literarische Anfeindungen bleiben in jeder Hinsicht folgenlos. Sie können die Staatsfigur, die Institution des Hofnarren nicht gefährden, ja nicht einmal einzelne Vertreter dieses Standes aus dem Amt drängen oder beseitigen.

Konkurrenz der Macht

Mit den anderen Mitgliedern des Hofstaates steht der Narr von Anfang an auf Kriegsfuß; denn seine Stärke und sein Spaß bestehen im Nachäffen, in der Verspottung der Feierlichkeit, mit der die Schranzen und Höflinge jeden noch so unbedeutenden Handgriff zu einem Ritual hochstilisieren. Seine regelmäßigen komödiantischen Attacken auf den verkniffenen Ernst, mit dem die Hoffunktionäre und adligen Speichellecker sich für das bedeutendste Rad in der zeremoniellen Maschinerie halten, lassen kein entspanntes Verhältnis zu. Im Gegenteil, die Höflinge hassen den Hofnarren wie die Pest, weil er ihnen

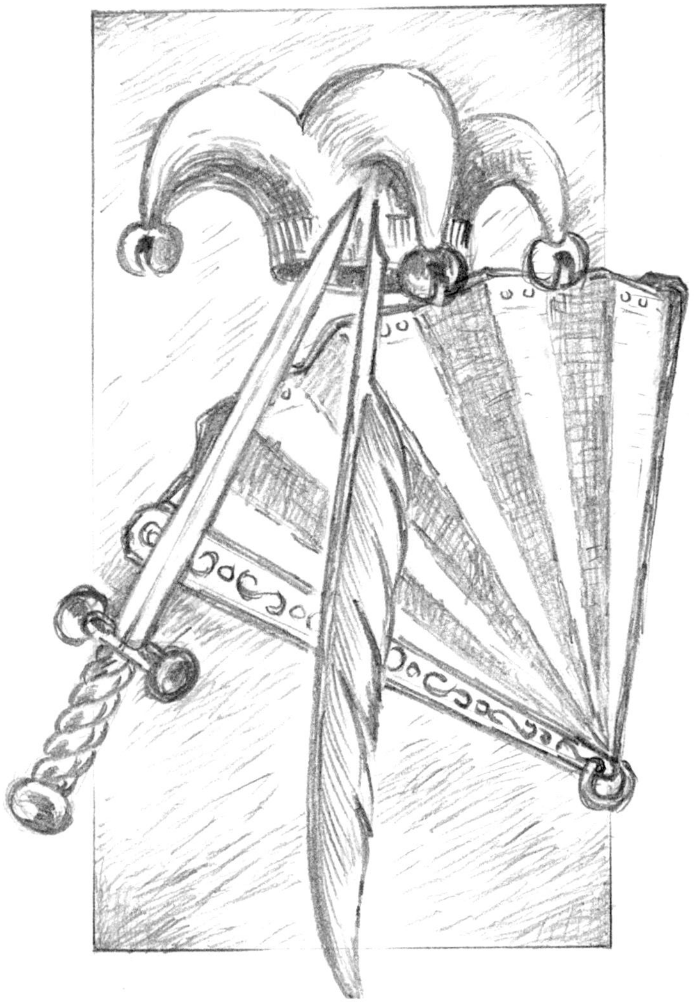

jeden Tag aufs Neue ihr wahres Wesen vorführt. Sie sind »... nur eine Spiegelung des fürstlichen Willens (...) – der, wie der Mond sein Licht von der Sonne [dem Sonnenkönig, sic!] bezieht und von sich aus nichts zu leuchten hat« (Amelunxen 1991: 21).

Derlei hierarchieverachtende Narrenfreiheit ist ein riskanter Balanceakt und kann auf Dauer nicht ohne Gefahr für Leib und Leben bleiben. Es ist nur zu verständlich, dass die Schranzen zumal in einer Zeit, in der das Schwert noch mehr Macht besitzt als das Wort, nach mitunter rabiaten Lösungen suchen. Besagter Triboulet, von dem bereits im Zusammenhang mit dem Portrait Heinrichs VIII. die Rede war, soll sogar Morddrohungen erhalten haben, woraufhin er seinen Herrn um Schutz vor dem tückischen Höfling bittet: »Was sagst du da?« antwortet sein Herr, »wenn der Kerl dich tot schlägt, keine Stunde später lass ich ihn hängen!« - »Sire, bitte eine Stunde früher, eine Stunde früher!« (Amelunxen 1991: 22). Folglich ist anzunehmen, dass der eine oder andere Narr im Verlauf der Geschichte buchstäblich über besagte Klinge springen musste, allein der Institution selbst tut dies keinen Abbruch.

Konkurrenz der Konkubine oder die Verbannung

Viele Konkurrenten bleiben nicht mehr übrig, und Sie werden es vielleicht bereits erahnen. Weder das Wort noch das Schwert, vielmehr die Hand, der Geist und die zunehmende Macht von Damen machen der Institution des Hofnarren den Garaus. Es sind die Konkubinen, genauer gesagt die Maitressen am französischen Hof, die im Übergang vom Barock zum Rokoko den einsamen Streiter gegen persönliche Rivalitäten, zeremonielles Brimborium und das undurchsichtige Geflecht frühmafioser Strukturen und wechselseitiger Abhängigkeiten endgültig besiegen. Unter Ludwig XV. bekommt die Maitresse, an der der König einen Narren gefressen hatte, die lang ersehnte Chance, in eine gesellschaftsfähige Position aufzusteigen, die mit der des Narren mindestens ebenbürtig ist. In dieser verbesserten Stellung einer »Maîtresse du Roi en titre d´office« muss sie keine Nebenbuhler mehr erdulden und jagt den

Narren zum Teufel. Ihm bleiben nur drei Fluchtwege.
Einige weichen in die Menagerie des Hofes aus, eine Einrichtung im Stil eines Kuriositätenkabinetts, das jedoch nur den Krüppeln und Missgebildeten unter den Narren vorbehalten bleibt.
Andere versuchen ihr Glück, indem sie auf die Rolle als Harlekin oder Pulcinello umschulen, um am Hoftheater eine Stellung zu finden.
Am glimpflichsten kommen die Hofnarren davon, die im Zuge des Revirements in der Chefetage sozialverträglich abgebaut werden. Zur Wahl stehen dabei meist entweder ein vorzeitiger Ruhestand mit Abfindung oder ein unbedeutender Rats- oder Gesandtentitel.

Der Hof in Versailles gilt zu dieser Zeit als Vorbild für höfisches Leben in ganz Europa, mit der Konsequenz, dass auch in Deutschland und Italien bis zur Mitte des 18. Jh.s bald kein Hof mehr ohne Mätresse zu finden ist und im Gegenzug der Hofnarr gänzlich von der Bildfläche verschwindet.
Wir sind keine Historiker, und vielleicht ist

diese Vermutung auch zu gewagt, dennoch: Wir sprechen von der Beseitigung einer Institution, mit der die Kreuzritter um 1000 n. Chr. erstmals in Berührung kamen, die ab ca. 1250 in Europa auftaucht und die in ihrer Blütezeit ab dem 15 Jh. über 300 Jahre lang fester Bestandteil hierarchischer Großsysteme ist. Die Zeit der Abschaffung dieser Institution liegt um 1750, und eines fällt auf: Europa ist zu diesem Zeitpunkt nur noch rund vierzig Jahre von der französischen Revolution entfernt.

»It's hard to make a system foolproof, because fools are so ingenious.«

Anonymous

21st Century Jester
Die Rückkehr …

- Die Wahrheitsillusion

- Der Konsenszwang

- Der Steuerungsmythos

- Das Ohnmachtgefühl

- Stellenausschreibung:
  Chief Court Jester (CCJ)?

Mit der Verbannung des Hofnarren Mitte des 18. Jahrhunderts ist Systemen eine wichtige, institutionalisierte Form der Reflexion abhanden gekommen.
Angenommen, der Hofnarr würde aus der Verbannung zurückkehren. Welche Absurditäten im Alltag unserer heutigen Gesellschaft würden ihm besonders ins Auge springen und ihn zur Reflexion geradezu herausfordern?

Die Wahrheitsillusion

> »Würde man die gute Gewohnheit haben, dem was man spricht, zuzuhören, hätte man es schon längst gemerkt: denn was man wahrnimmt, nimmt man für wahr. Es gibt ja kein Falschnehmen.«
>
> Heinz von Foerster

Lassen Sie uns mit einem kleinen Experiment beginnen:

Was sehen Sie?

Auf unsere Frage »Was sehen Sie in diesem Bild?« (Zeichnung nach Haken/Haken-Krell 1994: 27) erhielten wir in zahlreichen Workshops, Vorträgen und Seminaren folgende Antworten: Löwenmähne, Magnetfeld, Bombenexplosion, Dorf von oben, Getümmel an der Börse, Bär, Stier, abstrakte Malerei... .

Drei Beobachtungen sind für uns interessant: Selbst innerhalb einer sehr homogenen Gruppe, z.B. von Naturwissenschaftlern, entstanden völlig differente Sichtweisen.

Immer wieder wurde versucht, den anderen von der eigenen Wahrnehmung zu überzeugen: »Ja, siehst Du denn nicht die einzelnen Metallspäne, die zur Mitte hin angezogen werden!«

Wenn erst einmal einige Begriffe fixiert waren, meist von hierarchisch Höherstehenden, erkannten auch andere die »richtige« Sichtweise.

Hier gibt es kein richtig und falsch, kein logisch und unlogisch, keine Wahr- oder Unwahrheit – hier zählt nur Ihre individuelle Wahrnehmung, gilt nur Ihre Wahrheit!

Für den Einzelnen ist Wahrheit immer das, was er im Moment gerade wahrnimmt. Ja,

Sie haben richtig gelesen, was **Sie** gerade wahrnehmen.

Wahrnehmungen entstehen ausschließlich in unserem Gehirn. Dieses besteht neben den Gliazellen aus Nervenzellen und verarbeitet sämtliche Umweltreize unabhängig von der Reizart in gleicher Form; d.h., egal ob ein Reiz visuell, haptisch, akustisch usw. ausgelöst wurde, er wird immer in den selben Typ neuronaler Erregung umgewandelt. Man spricht von der Neutralität des neuronalen Codes (Roth 1996: 94f).
Es ist also nicht das Auge, das irgendetwas wahrnimmt, das Ohr oder die Nase, sondern immer sind es Nervenreize, die im Gehirn Prozesse auslösen - und in jedem Gehirn andere, abhängig von bisherigen Erfahrungen, momentanen Gefühlen, Umwelteinflüssen und vereinzelt auch genetischen »Vorentscheidungen« (Maturana 1996:1).
Dabei erzeugt unser Gehirn Muster, die einen ästhetischen Wert annehmen und die wir Charakter, Werte, Prämissen oder Prägungen nennen (Bateson 1997: 38f).
Derartige Muster können sich durch Wieder-

holungen oder sonstige Irritationen verändern. Wir werden buchstäblich von sich permanent ändernden Wahrnehmungen dazu gezwungen, bisher nicht Gekanntes für wahr zu nehmen (Ditzinger 1997: 12ff).
Dieser Prozess aus *wahrnehmen*, *Muster bilden* und *das Ergebnis für wahr nehmen* verläuft in unserem Gehirn bio-chemisch autonom, d.h. jedes Gehirn trifft in jedem Moment seine eigenen, biologisch-chemisch möglichen Unterscheidungen.
Häufig ist uns nicht einmal bewusst, welche Unterscheidung wir getroffen haben – und dies, obwohl sie unsere Beurteilung des Wahrgenommenen maßgeblich beeinflusst. In diesem rekursiven Prozess gibt es keinen Anfang und kein Ende.
In seinem Brillen-Experiment zeigt uns der Innsbrucker Professor Iwa Kohler, dass wir die Welt nicht sehen können, wie sie ist, sondern die Welt immer so ist, wie wir sie sehen!
Kohler hatte eine Brille konstruiert, die es ermöglicht, die Welt genau 180° umgedreht zu sehen – was oben war, ist unten, was links war, ist nun rechts, alles up side down und vice versa. Wenn Sie diese Brille aufsetzen,

können Sie sich schlagartig nicht mehr bewegen. Alles ist verkehrt, Ihre Koordination außer Kraft gesetzt.
Nach zwei bis drei Tagen beginnen sich die ersten Gegenstände wieder aufzurichten. Voran überschaubare, kleinere Dinge – der Stift, die Flasche, der Hut – nachfolgend größere, komplexere Gegenstände – das Auto, das Haus, der Wald. Nach ca. zwei Wochen hat sich alles gedreht, und die Welt ist wieder richtig herum.
Nimmt man die Brille anschließend wieder ab, wiederholt sich das Spiel in umgekehrter Richtung. Erneut scheint alles verdreht, die Welt verkehrt. Der Umdrehungsprozess dauert jedoch nicht mehr 14, sondern etwa 7 Tage. Mit zunehmendem Wechsel wird die Anpassungszeit immer kürzer; nach drei Monaten beträgt sie nur noch einige Minuten. Sie werden zum Spezialisten für richtige und verdrehte Welten, alle Welten sind für Sie gleich, gleichgültig (Foerster 1995: 2).

Zusammengefasst: Unseren Wahrnehmungen liegen immer Prämissen im Sinne frei getroffener Unterscheidungen zu Grunde, die jeder für sich selbst trifft und auf denen er seine Wahrheiten aufbaut. Mitschwingende kulturelle, individuelle und situative Einflüsse begrenzen und eröffnen gleichzeitig den Freiheitsgrad, den jeder bei der Emanzipation gegenüber selbstdiagnostizierten Prägungen in der eigenen Biografie hat.

Begraben Sie also die Vorstellung, dass Aussagen von jedem in gleicher Weise verstanden, Bilder von jedem identisch gesehen, Klänge von jedem gleichlautend gehört oder gemeinsame Erlebnisse übereinstimmend interpretiert werden.
Begraben Sie den Glauben an die eine, objektive Wahrheit, und lassen Sie sich auf die Faszination individuell konstruierter Wahrheiten und Weltbilder ein.
Sie gewinnen Toleranz und Freiheit. Die Toleranz, jedem das gleiche Recht zuzugestehen, seine eigenen Wahrheiten zu konstruieren. Die Freiheit, für sich und seine eigenen Konstruktionen einzustehen: Es steht mir frei zu sagen, das ist meine Sicht der Dinge, vorausgesetzt, ich bin bereit, dafür Verantwortung zu übernehmen.

Der Konsenszwang

> »Ich bete für den Tag, an dem wir unsere Unterschiede nicht nur akzeptieren, sondern feiern.«
>
> Hilary Swank

Die große Politik lebt es uns vor: Energiekonsens, Atomkonsens, Konsensgespräche zwischen Arbeitgebern, Arbeitnehmern und der Regierung.
Jedes Unternehmen gibt sich konsensorientiert im Umgang mit Mitarbeitenden, Kunden und Aktionären.
Moderne Familien üben sich im Konsens bezüglich der Wochenendinteressen, der Urlaubsreise oder des abendlichen Fernsehprogrammes.
Wir leben in einer Konsensgesellschaft!

Jeder von uns war sicher schon in einer Sitzung, einem Meeting, einer Besprechung, in der erst nach Stunden zähen Meinungsaustausches Konsens über die zu verhandelnden Inhalte erzielt worden war. Müde, aber zufrieden begibt man sich nach Hause: endlich die gleiche Meinung, endlich Konsens.

Am nächsten Morgen stellt man fest, dass jeder etwas anderes verstanden hat und sich schlichtweg nicht an die Abmachung vom Vortag hält.
Was ist passiert? Wer ist der Schuldige? Was können wir tun? Mit Paul Watzlawick gesprochen, liegt ein Kommunikationsproblem vor. Nietzsche oder Schopenhauer würden wohl eher die Frage nach der menschlichen Boshaftigkeit an sich stellen. Beide Erklärungsansätze haben ihre Berechtigung. Aber vielleicht gibt es noch einen dritten Weg.

Ausgangspunkt ist die verständliche Annahme, dass Harmonie die zwingende Basis eines erträglichen Zusammenlebens ist. Hierfür bedarf es der Herstellung von Konsens. Das Problem entsteht, wenn in der Eile und der Sorge um Erhalt bzw. rasche Wiederherstellung von Harmonie, Konsens mit Kompromiss verwechselt wird.
Dazu eine kleine Geschichte:
Zwei Kinder streiten sich um eine Orange. Weil die Eltern ihren Frieden haben möchten, greift die Mutter ein und teilt die Orange in der Mitte. Der Bub erhält die eine Hälfte, das

Mädchen die andere. Doch jetzt geht der Streit erst richtig los. Erst nach zwei Stunden stellt sich heraus, dass der Junge nur das Fruchtfleisch der Orange wollte, um sich einen Saft zu pressen; das Mädchen dagegen nur die Orangenschale, um einem Kuchen ein spezielles Aroma zu geben.

Nette Geschichte, aber »where is the beef?« Erleben wir nicht auch in unserem täglichen Leben Streitigkeiten um einzelne Orangen? Schlichten wir zur Wiederherstellung von Harmonie nicht auch häufig mit einem sauberen Schnitt in der Mitte?
Wie viele Orangen gab es eigentlich? Eine? Wirklich nur eine? Nein zwei, die des Jungen und die des Mädchens!
Das Beispiel illustriert den Unterschied von Kompromiss und Konsens. Die Fähigkeit das eine vom anderen zu unterscheiden bedingt:

- Den sorgfältigen Dialog über die verborgene Motivlage. 50% + 50% ergibt nicht immer die 100% Lösung.
  Kompromiss ist häufig nur Minimalkonsens!

- Den Abschied von der Vorstellung, dass vordergründige Mehrheitsbeschlüsse ein geeignetes Mittel wären, wirkliche Mit-Spieler zu gewinnen, die für die Sache und nicht gegen den anderen arbeiten.
  Mehrheit ist häufig mangelndes Bemühen!

- Das Bewusstsein, dass der alte juristische Grundsatz »nicht widersprochen, heißt automatisch zugestimmt« nicht so einfach auf menschliche Zusammenarbeit übertragen werden kann.
  Non iure, sed vitae discimus!

Auf den Punkt gebracht: Der weit verbreitete Glaube, dass die paritätische Aufteilung eines Ganzen Harmonie erzeugt, ist romantisch naiv, realitätsfern und selten zielführend. Demgegenüber wäre bereits viel gewonnen, wenn wir Andersartigkeit als Chance begreifen und Unterschiede nicht nur akzeptieren, sondern aktiv erfragen würden.

Let' s agree to disagree!
lautet unsere Botschaft; mit dreifacher Konsequenz:

- Andere Meinungen werden nicht als Angriff, sondern als Bereicherung empfunden.
- Kreativpotentiale werden wesentlich besser ausgeschöpft.
- Es entstehen neue Lösungen und nicht weitere »Loser«. Es gewinnt das Prinzip und nicht der Prinzipal.

Der Steuerungsmythos

> »Nicht die Macht korrumpiert, sondern die Furcht: Die Furcht vor dem Machtverlust.«
>
> John Steinbeck

Gemäß einer Studie des manager magazins fühlen sich 20% der Führungskräfte in Deutschland überfordert (Student 2001: 62). Müsste man diese Quote – Selbstkritik und Ehrlichkeit vorausgesetzt – nicht wesentlich höher ansetzen? Dass die anderen 80% der Meinung sind, sie hätten alles im Griff, mag mit dem unbeirrbaren Glauben zusammenhängen, dass dank Intelligenz und Technik im Prinzip jedes System nahezu fehlerfrei gesteuert werden kann.

Für diese Haltung gibt es vielfältige Gründe:

Gestalter genießen hohes Sozialprestige
In einer primär leistungsorientierten Gesellschaft definiert sich das Individuum ausgeprägt über seinen gestalterischen Einfluss. Hohes Ansehen und weite Anerkennung in Politik und Wirtschaft genießt, wer etwas bewegen kann, m.a.W. jemand, der an den Schalthebeln der Macht sitzt. Die Erwartungshaltungen der Gesellschaft an die Macher sind hoch und nicht selten unrealistisch. Obwohl häufig spürbar wird, wie begrenzt die Einflussnahme Einzelner ist, projizieren alle ihre Wünsche auf die gestaltenden Hoffnungsträger.

Kontrolliert von der Angst, die Kontrolle zu verlieren
Loslassen bedeutet, die eigenen Einflussmöglichkeiten bewusst zu begrenzen, eventuell auch Macht abzugeben und Verantwortung

zu delegieren. Loslassen birgt die latente Gefahr, chaotische Zustände und nicht verantwortbare Risiken zu provozieren. Mit allen Mitteln versuchen wir deshalb im driver´s seat zu sein. Loslassen eröffnet aber auch die einmalige Chance, das Potential systemischer Selbststeuerung zu erkennen und zu nutzen. Das Unternehmen 3M bspw. hat sich zum Ziel gesetzt, 30% des Jahresumsatzes mit Produkten zu erwirtschaften, deren Markteinführung nicht länger als vier Jahre zurückliegt. Zur Verwirklichung dieses ambitionierten Zieles erhalten die Mitarbeiter in Forschung und Entwicklung 15% ihrer Arbeitszeit zur Generierung kreativer Projekte ihrer Wahl zur Verfügung gestellt. Nicht rigide Vorschriften, sondern das Gewähren von Freiräumen führt dazu, dass 3M über 60.000 Produkte in 40 Produktsparten verfügt (Collins/Porras 1995: 128, 214ff.).

Glaube an die Gestaltbarkeit

Die Funktionsfähigkeit der Systeme in Politik, Wirtschaft, Wissenschaft und Gesellschaft basiert auf und bedingt Steuerung. Verantwortungsträger sind überzeugt, dass sie in der Lage sind, Systeme zu beeinflussen und zielgerichtet zu gestalten. Getragen von einem hoffentlich ehrenhaften Verantwortungsbewusstsein, fühlen sie sich verpflichtet, diese Steuerung auch wahrzunehmen. Was könnte Ursprung dieser Überzeugung sein?

Prägendes Element heutiger Ausbildung ist eine *linear kausale* Logik. Bereits in der Grundschule lernt der Schüler, dass jede Wirkung ihre Ursache hat. Suggeriert wird die Beherrschbarkeit und Steuerbarkeit selbst komplexer Systeme. Stark infiziert vom Prinzip der linear kausalen Logik sind insbesondere Personen, die Führungsverantwortung tragen. Unterstützt durch den hohen Stand von Wissenschaft und Technik, glauben sie, alles im Griff zu haben. Für alle denkbaren Störungen halten sie korrigierende Maßnahmen bereit.

Dieser unbeirrbare Glaube an die Gestaltbarkeit überrascht, wird uns doch täglich die begrenzte Steuerbarkeit von Systemen vor Augen geführt. Trotz moderner Verbauungen sind wir nicht in der Lage, Überschwemmungen und Bergrutsche zu verhindern.

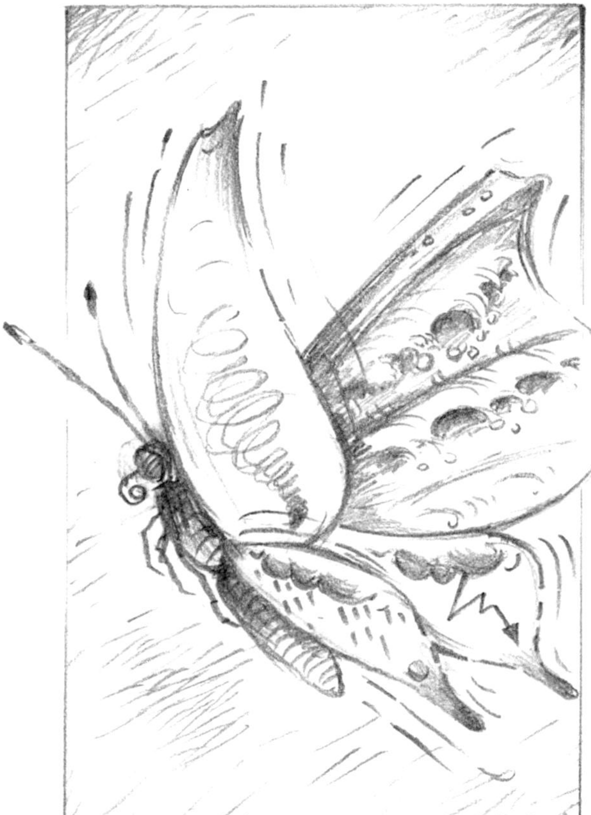

Unsere gestaltende Einflussnahme ist mitverantwortlich für zahlreiche negative Ereignisse in unserer Gesellschaft, ja erzeugt diese gerade erst. Viele Maßnahmen sind symptomorientiert und scheitern an der Komplexität der Umwelt, die stets höher ist, als die des Systems. Die naive Vorstellung einer linear kausalen Steuerbarkeit und das fehlende vernetzte, zirkuläre und systemische Denken führen zu den beobachtbaren irreversiblen Umweltschäden, dem Verschwinden von Tier- und Pflanzenarten und der Vergiftung von Luft und Wasser (Vester 1989: 8).

Bei vielen Prozessen in der Natur kann man Rückkoppelungen beobachten. So lässt sich eine verlässliche Wettervorhersage auch dann nicht gewinnen, wenn man alle Messdaten zu Windgeschwindigkeit, Luftfeuchtigkeit, Luftdruck und Temperatur unendlich verlängern und die Dichte der Messstationen vervielfachen könnte. Wetter bleibt ein nicht deterministisches, dynamisches System, welches sich aus einer Vielzahl von Wechselwirkungen bildet. Die Wärme, die von der Motorhaube eines Autos aufsteigt, oder der Flügelschlag

eines Schmetterlings stellen zwar nur marginale, in der Meteorologie nicht berücksichtigbare Einflussfaktoren dar. Sie genügen aber in ihrer Summe, um einen Wetterumschlag zu provozieren oder einen Hurrikan auszulösen. Der sogenannte »Schmetterlingseffekt« aus der Chaosforschung steht stellvertretend für komplexe Vernetzungen aus Ursache und Wirkung und hochsensible Empfindlichkeiten jedes dynamischen Systems gegenüber Rückkoppelungen, und seien diese noch so klein (Herold 1994: 224ff.). In Gedichtform hat Otto H. Kühner diesen Rückkoppelungseffekt treffend umschrieben:
»Pummer, in morgendlich heiterer Ruh, lächelte seinem Nachbarn Mommer zu. Dieser, durch das Lächeln ebenfalls heiter, gab es an den Straßenbahnschaffner weiter, der an die kleine Verkäuferin und die an Dr. Müller-Zinn, Facharzt für Psychiatrie, dieser an Schwester Elke vom Kinderhort, diese an die Toilettenfrau – und so fort. So kam es schließlich irgendwann abends gegen 6 Uhr am Schillerplatz an bei einem im Augenblick traurig-tristen, durch das Lächeln doch erheiterten Polizisten, so dass er, als Pummer den

Verkehr blockierte, den Verstoß nur mit einem Lächeln quittierte.«

Auch Politik, Wirtschaft und Gesellschaft stellen dynamische Systeme dar, die sich durch Nichtlinearität, Rückkoppelungs- und Kippeffekte sowie Vernetztheit auszeichnen. »Vernetztheit bedeutet, dass vieles mit vielem, aber nicht alles mit allem verknüpft ist, wobei die Verknüpfung eben nicht lineare Verbindungsketten von Ursachen und Wirkungen sind, sondern zirkuläre Strukturen, ohne Anfang und Ende, deren Elemente wechselseitig auf sich einwirken« (Siegwart 1985: 98). Eine minimale Ursache kann ein labiles Gleichgewicht in ein massives Ungleichgewicht stürzen, mit nicht voraussagbaren Konsequenzen.

Die Schlussfolgerung lautet: Steuerung ist inhärent paradox. Unstrittig ist, dass die Funktionsfähigkeit unserer Gesellschaft der Steuerung bedarf. Unklar ist jedoch, wer jeweils steuert: das Management, das System selbst oder beide?
Akzeptieren wir, dass sich komplexe Systeme

und ihre Subsysteme durch Menschen nicht deterministisch steuern lassen, dann werden wir in der Rolle des selbst ernannten Gestalters bescheiden, gelassen und souverän. *Bescheiden*, was Anspruch und Wirkung einer persönlicher Einflussnahme betrifft. *Gelassen* im Sinne des Loslassenkönnens und der Fähigkeit, Beteiligte zu involvieren um Kreativpotentiale zu nutzen. Und schließlich *souverän* durch Vertrauen in das System, seine Intelligenz und Fähigkeit zur Selbststeuerung.

Nicht zu steuern bedeutet nicht, totales Chaos zu produzieren, sondern Selbststeuerung zuzulassen. Das Gegenteil von Hierarchie ist nicht Anarchie!

Das Ohnmachtgefühl

> »Nicht was wir erleben, sondern wie wir empfinden, was wir erleben, macht unser Schicksal aus.«
>
> Maria von Ebner-Eschenbach

Haben Sie die im Film »Modern Times« von Charly Chaplin so einmalig symbolisierte Ohnmacht auch schon erlebt, das Gefühl fremdbestimmt zu sein? Als unbedeutendes Rädchen innerhalb eines großen Getriebes zu wirken, letztlich unfähig zu sein, das eigene Schicksal in die Hand zu nehmen: »Was kann ich denn schon tun?« »Es sind doch die Umstände!« »Sollen erst mal andere was tun, die da oben zum Beispiel!« Muss man so denken? Welches sind die Gründe für dieses Gefühl der Ohnmacht?

Klagen ist einfacher als Handeln

Konversationen am Arbeitsplatz oder in der Familie klingen häufig wie Klagelieder. Wir beklagen Umstände und Lebenssituationen und verstärken uns dabei gegenseitig. Den unbequemeren Weg, eigenverantwortlich zu handeln, schlagen wir nur selten ein.

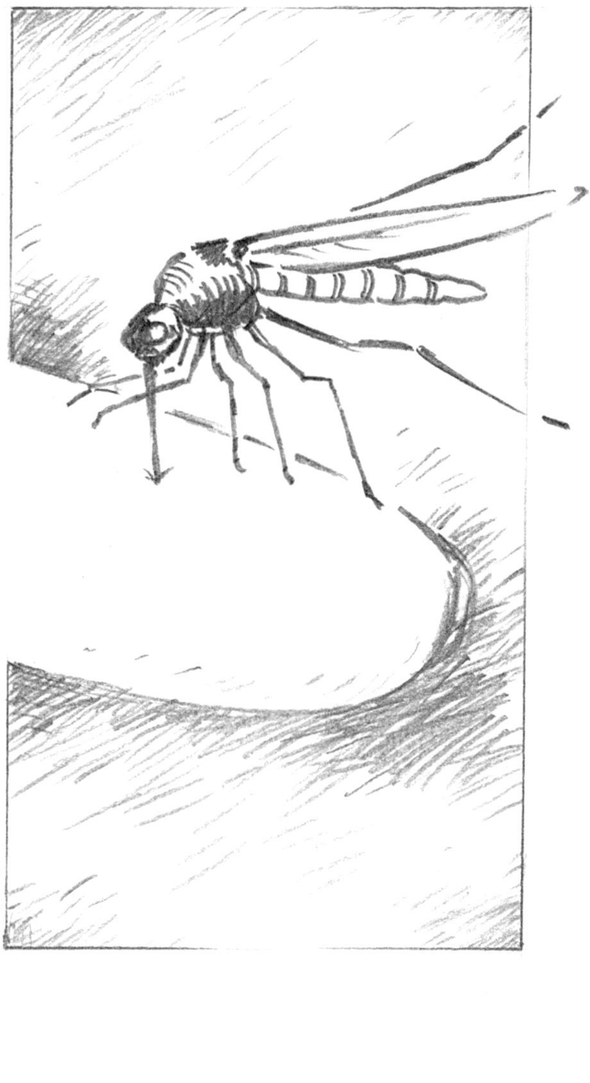

Handeln ist das Privileg der Mächtigen

Handeln, so die landläufige Meinung, bedinge Macht und Einfluss. Die Mehrheit zählt (sich) nicht zur Spezies der Mächtigen und Einflussreichen. Letztlich fühlt man sich nicht verantwortlich, verantwortlich sind andere: Politiker, Wirtschaftsführer, Wissenschaftler, der Vorgesetzte oder Ehepartner.

Bei genauerem Hinsehen entlarvt sich diese Argumentation oft als Selbstschutz. Warum unterschätzen so viele ihre eigenen Möglichkeiten? Die Aussage von Anita Roddeck, Gründerin von The Body Shop, kann uns Mut machen: »If you think you're too small and ineffective to make a difference, you've never spent a night with a mosquito in the same room.«

Exkulpation durch Sachzwänge

Wir legitimieren unser Nichtstun durch Umstände, Rahmenbedingungen oder einfach durch Sachzwänge. Oft zeigen wir mit dem Finger auf andere und flüchten uns in Schuldzuweisungen.

Dabei zeigt nur ein Finger auf andere, aber

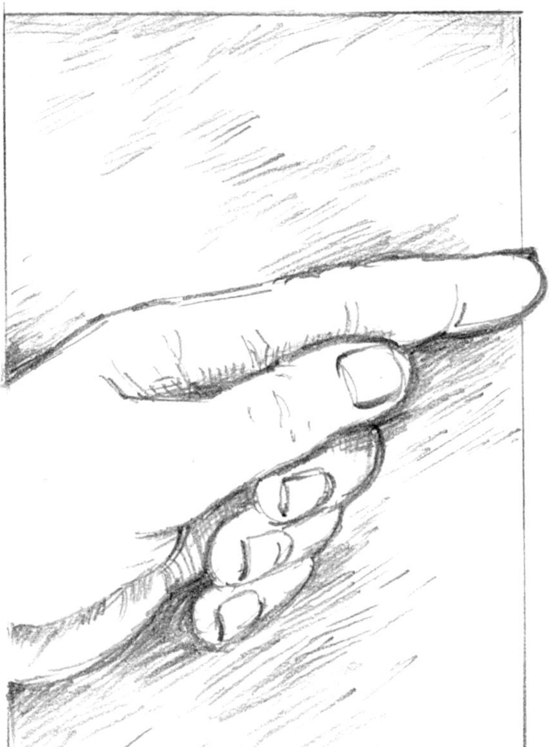

drei zeigen auf mich selbst! Bei allem Klagen lautet deshalb die zentrale Frage: »Was trage ich dazu bei?«

Die Welt ist so, wie wir sie leben

Unser Leben entsteht aus der Art, wie wir es leben – besser, wie wir miteinander leben. Wenn eine Gesellschaft sich selbst als leistungs- oder wettbewerbsorientiert beschreibt, erzeugt sie eine Systemik des Zusammenlebens, die genau diese Werte entwickelt, verfeinert und weitergibt. Wenn wir unsere Kinder Konkurrenz und Erfolg, ggf. auch auf Kosten anderer, lehren, erhalten wir eine Lebensweise, die explizit diesen Prämissen Genüge leistet – unabhängig davon, wie oft wir den geschaffenen Zustand auch moralisch beklagen mögen.

Es geht also darum, sich bewusst zu machen, dass wir durch unser Verhalten die Umstände erzeugen, in und mit denen wir leben (müssen) – und dieses Müssen stellt genau den Freiheitsgrad systemischer Zusammenhänge dar. Die Welt ist so, wie wir sie leben, und wir können jederzeit eine andere Welt leben.

Welche Konsequenzen lassen sich erkennen? Wir fassen Mut, eigenverantwortlich zu handeln. Wir gehen von der Fremdverurteilung zur Selbstverantwortung über. Wir exkulpieren uns nicht mehr, suchen keine Möglichkeiten zur Schuldzuweisung oder Problemrückdelegation. Wir erkennen vermeintliche Sachzwänge als persönliche Denkzwänge.

In letzter Konsequenz tragen wir selbst die Verantwortung für unsere eigene Effektivität, für unser eigenes Glück – und vermutlich weit häufiger auch für die Umstände, die wir oft beklagen.

chief
court
jester

Stellenausschreibung: Chief Court Jester (CCJ)?

Im Angesicht der vier Reflexionsfelder *Wahrheitsillusion*, *Konsenszwang*, *Steuerungsmythos* und *Ohnmachtgefühl* liegt die Forderung, den Hofnarren aus der Verbannung zurückzuholen, nahe. Vielleicht ist sie jedoch ein wenig voreilig. Zunächst scheint es erforderlich, sich nach den Erfolgen zu erkundigen, die diese Figur in ihrer geschichtlichen Wirkung tatsächlich erzielt hat.

Um es vorwegzunehmen: der Erfolg des Hofnarren beschränkte sich in der Regel auf Kleinigkeiten. Seine Einflussbereiche lagen in der regionalen Gesetzgebung, vereinzelten Kameralbeschlüssen, Verwaltungs- und Gnadenakten oder personenbezogenen Begünstigungen, wie z.B. die Rettung unschuldig Verurteilter, die Befreiung einzelner Dörfer von der Steuerlast (zumeist die Heimatdörfer der Hofnarren), oder die Herausnahme aus dem fürstlichen Jagdgebiet. Eine Vergünstigung, die angesichts des notorisch kargen Speiseplanes der einfachen Bevölkerung durchaus eine erhebliche Entlastung darstellte.

Aber im Großen, heute würde man sagen auf strategischer, unternehmenspolitischer bzw. gesamtunternehmerischer Ebene, blieb der Einfluss gering. Folgt man den historischen Quellen, so liegt weniger ein Versagen des Narren vor, als vielmehr schlicht und schwer der Verdacht, dass seine Vorschläge und Einredungen mehrheitlich ungehört verhallten. Management und Führung waren offensichtlich von jeher doch eine zu ernste Angelegenheit, als dass man darüber pietätlose Witze reißen konnte. Nur ein Beispiel, aber vielleicht das bekannteste zu diesem Thema:

Im Jahr 1273 kommen die Kantone Uri, Schwyz und Unterwalden unter die Kontrolle der Habsburger. Die Dynastie hält bereits den nördlichen Zugang zur Gotthard-Route vom Rhein bis Luzern und versucht verstärkt, die Zentralschweizer Täler südlich der Stadt Luzern in ihre Besitzungen zu integrieren. Von diesem Vorstoß alarmiert, formieren sich die drei Kantone 1291 im bekannten Rütlischwur zur Eidgenossenschaft und versichern sich der gegenseitigen Unterstützung im Kampf gegen die Österreicher.

24 Jahre später, im Jahre 1314 leisten sich die Habsburger im Zuge fortwährender Auseinandersetzungen eine folgenschwere Provokation der Bauern in Schwyz. Sie schenken das freie Alpland dem Abt von Einsiedeln und verwehren den Sennern den Zugang auf die Almwiesen. In einem Proteststurm plündert die Bevölkerung die Abtei von Einsiedeln. Dies ist das Zeichen für den Habsburger Erzherzog Leopold I., in einem Rachefeldzug den widerspenstigen »Bauernlümmeln« endgültig den Garaus zu machen. Trotz einer Bereitschaft der Schwyzer, einzulenken und die geforderten Abgaben zu entrichten, sammelt Leopold von Zug aus Verbündete und rüstet auf.
Die Warnungen seines Hofnarren, Cuno von Stoffel, hätten nicht deutlicher ausfallen können. »Mein Herr, schon mancher eifrige Jagdhund ist in den Dachsbau geschlüpft und hat den Weg aus ihm zurück nicht mehr gefunden« (o.V. 1999).
Der Ausgang der Auseinandersetzung ist bekannt. Leopold schlägt die Warnungen seines Hofnarren in den Wind, und es kommt zur Schlacht bei Morgarten. Im November des Jahres 1315 erleidet Leopold bei dem Versuch,

mit seinem zahlenmäßig um ein Vielfaches überlegenen Heer aus Rittern und Fußsoldaten die Bauern wieder der habsburgischen Herrschaft zu unterwerfen, eine vernichtende Niederlage. Für die Habsburger beginnt damit zugleich der Verlust ihrer Schweizer Besitzungen (o.V. 1999).

Die Wiedereinführung des Hofnarren in Amt und Würden nach klassischem Vorbild scheint unter dieser Optik keine optimale Lösung zu sein. Natürlich benötigen wir die *Funktion* der Beratung, des Hinterfragens, der Reflexion. Aber all dies lässt sich nicht einfach einkaufen, indem man die Stelle eines *Chief Court Jester (CCJ)* definiert, ganz so wie sich manche Unternehmen einen Ethikbeauftragten gönnen oder einen Umweltbeauftragten leisten.

Jeder muss sein eigener Narr sein!

Natürlich waren – historisch gesehen – Geist und Macht stets getrennt, die Funktionen Herrschaft und Reflexion sauber auf zwei verschiedene Stellenbeschreibungen aufgeteilt. Jedoch, philosophisch gewendet, war beides stets als ein und dasselbe zu denken, als zwei Seiten ein und derselben Medaille. Nicht umsonst wird beiden, Herr und Narr, nachgesagt, sie hätten dasselbe Horoskop. Denn im Kern ging es immer um die Fähigkeit, neben sich zu treten, sich zu beobachten, sich selbst zu hinterfragen und die Situation zu durchleuchten, um dann sagen zu können:

Ich Narr!

His Jester's voice
Die Stimme des Spiegels

- »Überdenken«
  Schau in den Spiegel!

- »Unterbrechen«
  Halte den Spiegel vor!

»Um von anderen verstanden zu werden, muss man den anderen verstehen. Um andere zu verstehen, muss man zuvor sich selbst verstehen.«

Paul Watzlawick

Der »moderne Narr« ist souverän und entspannt. Er geht gelassen mit wechselnden Situationen um, kann über sich selbst lachen und geht offen und spielerisch auf andere zu. Er beherrscht zwei Spiele: »Überdenken« und »Unterbrechen«. Bei beiden geht es darum, zum Nachdenken anzuregen, Veränderungen zu ermöglichen, falls nötig sogar die Spielregeln zu ändern. Und dies, bei allem Ernst, immer mit einem Augenzwinkern.

»Überdenken«
Schau in den Spiegel!

Wir laden Sie ein, mit Hilfe der nachfolgenden Fragen Ihr eigenes Handeln zu überdenken – es lohnt sich!

Spielregel 1:
Lass dem Stier sein Börsengetümmel!

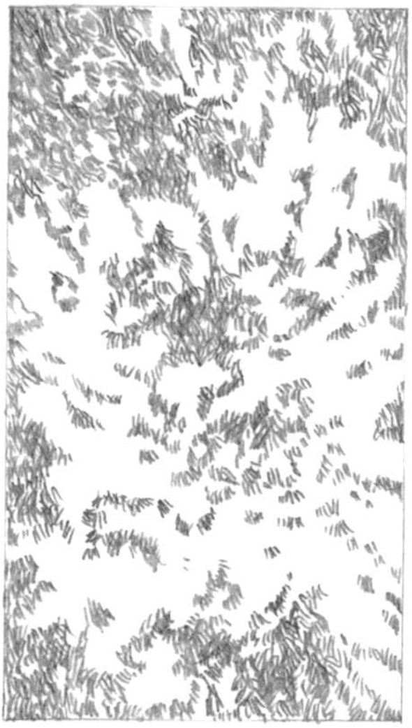

... oder sein Dorf von oben, seine Löwenmähne, seine abstrakte Malerei ...

Die kritische Frage an mich selbst:

Erkläre ich meine eigene Wirklichkeit zur objektiven Wahrheit?

Zur Erinnerung:

- Wahrheiten sind, als Folge individueller Wahrnehmungen, subjektiv konstruiert.
- Jeder nimmt etwas anderes wahr und hält etwas anderes für wahr. Es gibt ja kein Falschnehmen.
- Freiheit durch Vielfalt statt Einheit der Wahrheit.
- Häufig gibt es nicht nur entweder - oder, sondern sowohl - als auch.
- Toleranz ist Ursprung und Folge pluralen Denkens.

Spielregel 2:
Schale Orangen geben viel Saft!

... zweimal 50% ergeben nicht immer 100% ...

Die kritische Frage an mich selbst:

Vertausche ich in meinem Harmoniestreben Kompromiss mit Konsens und fällt mir der Umgang mit Andersartigkeit schwer?

Zur Erinnerung:

- Kompromisse stellen häufig nur einen Minimalkonsens dar.
- Mehrheit ist oft nur mangelndes Bemühen.
- Unterschiede als Chance begreifen und zelebrieren.
- Beste Lösung kann sich durchsetzen.
- Let´s agree to disagree!

Spielregel 3:
Setz den Schmetterling in den driver's seat!

... in komplexen Systemen versagt die linear kausale Logik ...

Die kritische Frage an mich selbst:

Glaube ich wirklich, dass ich alles steuern kann, alles im Griff haben muss und ich dabei ganz alleine bin?

Zur Erinnerung:

- Komplexität ist immer und überall!
- Bei Kipp- und Rückkoppelungseffekten versagt die linear kausale Logik.
- Die Folge ist Überforderung. Die Antwort ist: Loslassen!
- Loslassen bedeutet nicht, totales Chaos zu produzieren, sondern der Selbststeuerung eine Chance zu geben.
- Loslassen setzt Kreativpotentiale frei, bringt Zeitgewinn und Entlastung von individuellem Entscheidungsdruck.

Spielregel 4:

Aus Moskitos werden Musketiere!

… niemand ist zu klein, ein Moskito zu sein …

Die kritische Frage an mich selbst:

Fühle ich mich fremdbestimmt; ein kleines Rädchen in einem großen Getriebe?

Zur Erinnerung:

- Klagen ist einfacher als Handeln!
- Handeln ist nicht nur das Privileg der Mächtigen, sondern ein Recht aller.
- Unterschätzen Sie Ihre Wirkung als Moskito nicht!
- Denken Sie an Sokrates, den »Stachel im edlen Fleisch Athens«!

Spielregel 5:
Die Schuldigen kannst du an (d)einer Hand abzählen!

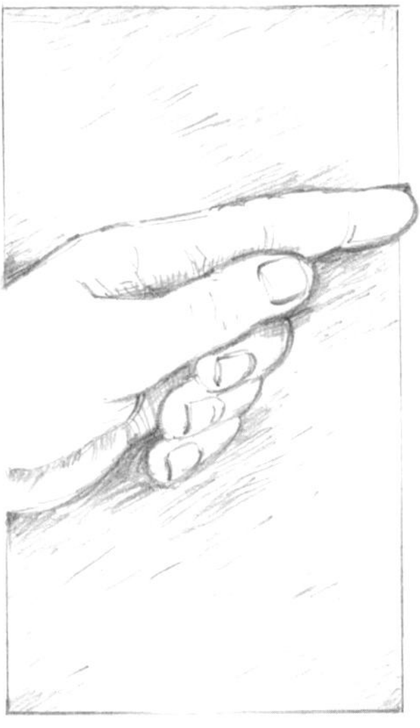

... nur ein Finger zeigt auf andere...

Die kritische Frage an mich selbst:

Zeige ich mit dem Finger auf andere?

Zur Erinnerung:

- Die Gretchenfrage lautet: »Was trage ich dazu bei?«
- Wir haben die Wahl zwischen Selbst-/Mitverantwortung und Fremdverurteilung.
- Häufig tragen wir selbst die Verantwortung für die Umstände, die wir beklagen.
- Die Welt ist so, wie wir sie leben, und wir können jederzeit eine andere Welt leben.

Spielregel 6:
Silberrücken sind der Sand im Getriebe!

... oder weshalb Hierarchen ihre Kartoffeln nach wie vor mit Sand fressen ...

Die kritische Frage an mich selbst:

Wann habe ich das letzte Mal »Rangniederen« zugehört, um zu lernen?

Zur Erinnerung:

- Man kann von jedem etwas lernen.
- Hierarchie macht lernresistent.
- Hierarchen lassen sich lieber durch Lob ruinieren als durch Kritik verbessern.
- Lernen unterscheidet uns vom Silberrücken.
- Lernen ist Chefsache!

»Worte haben keine Energie, solange sie nicht ein Bild auslösen.«

Virginia Satir

»Unterbrechen«
Halte den Spiegel vor!

Der Narr ist ein eleganter Flaneur, der mit leichtem Gepäck reist. Mit kleinen Geschichten, die ein Problem versteckt auf den Punkt bringen, gesellt er sich zu Menschen in blokkierten Situationen und verstrickt sie in einen Dialog. Er fragt zunächst nach dem Spiel und mischt die Karten dann neu. Er spricht die Sprache(n) der Spieler und spürt, wer wann blufft. Er fragt nach den Einsätzen und setzt auch mal Limits. Er zieht hie und da einen Joker aus dem Ärmel und lässt alle ihre Trümpfe ausspielen. Heute Patience, morgen Poker, stets geht er mit und passt nicht zu früh. Weder überreizt er sein Blatt, noch zinkt er die Karten. Er zählt nicht an, rechnet nicht ab, ist nur darauf gefasst, dass auch ein Pokerface lachen kann. Wo er mit am Tisch sitzt, hat nur der schlechte Karten, der gar nicht mitspielen will.

Haben wir den Mut, uns an den Tisch zu setzen und die Karten neu zu mischen! Bilder und Geschichten wie die nachfolgenden können uns helfen, Macht-, Rollen- und sonstige bekannte Alltagsspiele zu unterbrechen.

Nicht zuhören – Omnikompetenz beanspruchen

Kommunikation erschöpft sich oft in einer Aneinanderreihung von Monologen. Sie wird dem Sinn des Wortes »communicare«, miteinander sprechen, nicht gerecht. Auch schon erlebt, dass in einer Sitzung Gesprächspartner nicht zuhören können oder wollen? Weil sie nicht zuhören, wird der Eindruck von Allwissenheit suggeriert. Sie erheben den Anspruch auf absolute Wahrheit und dominieren jedes Gespräch. Für uns als Narr eine besondere Herausforderung, sich Gehör zu verschaffen.

Zur Unterbrechung kann nachfolgende Geschichte dienen.
Ein Verzweifelter, der im Streit mit einem Widersacher lebte, bat den Meister um Rat. »Kaum macht einer von uns den Mund auf, unterbricht ihn der andere schon. Ein Wort gibt das andere, und gleich wieder bricht Streit aus. Ich bin ratlos und weiß nicht mehr,

was ich machen soll.« »Du musst lernen, deinem Freund zuzuhören« sagte der Meister. »Und wenn du sicher bist, dass du diese Regel beherrschst, dann komme wieder zu mir.« Nach zwei Monaten sprach er wieder beim Meister vor und erklärte mit Stolz, er habe gelernt, auf jedes Wort seines ehemaligen Widersachers zu hören und der Streit habe sich gelegt. »Gut«, sagte der Meister. »Wenn du Freundschaft willst, musst du noch lernen, auf jedes Wort zu hören, das er *nicht* sagt.«

Zur Erinnerung:

- Dialog ist nicht der Plural von Monolog!
- Hören ohne Hinhören bedeutet, nicht mit dem anderen sondern nur mit sich selbst beschäftigt zu sein.
- Hinhören ohne Hineinhören beinhaltet lediglich Aufnehmen, was gesagt wird, ohne das Gemeinte zu verstehen.
- Hineinhören heißt, sich in die andere Person hineinzuversetzen, dem Gegenüber Aufmerksamkeit zu schenken und Wertschätzung entgegen zu bringen.
- Ich höre mich selbst durch die Ohren des Anderen.

Vorurteile neu ordnen

Die Welt besteht aus (Vor)urteilen und dies kann gar nicht anders sein. Vorurteile führen aber oft zu Vorverurteilungen. Den Splitter im Auge des Nachbarn sieht man genau, den Balken im eigenen Auge nicht. Unterbrechen wir Vorverurteiler! Paul Watzlawicks Geschichte vom Hammer kann uns dabei helfen. Ein Mann will ein Bild aufhängen. Den Nagel hat er, nicht aber den Hammer. Der Nachbar hat einen. Also beschließt unser Mann, hinüberzugehen und ihn auszuborgen. Doch da kommt ihm ein Zweifel: Was, wenn der Nachbar mir den Hammer nicht leihen will? Gestern schon grüßte er mich nur so flüchtig. Vielleicht war er in Eile. Aber vielleicht war die Eile nur vorgeschützt, und er hat etwas gegen mich. Und was? Ich habe ihm nichts angetan; der bildet sich da etwas ein. Wenn jemand von mir ein Werkzeug borgen wollte, ich gäbe es ihm sofort. Und warum er nicht? Wie kann man einem Mitmenschen einen so einfachen Gefallen abschlagen? Leute wie dieser Kerl vergiften einem das Leben. Und dann bildet er sich noch ein, ich sei auf ihn angewiesen. Bloß weil er einen Hammer hat. Jetzt reicht's mir wirklich. Und so stürmt er hinüber, läutet, der Nachbar öffnet, doch noch bevor er »Guten Tag« sagen kann, schreit ihn unser Mann an: »Behalten Sie sich Ihren Hammer, Sie Rüpel!« (Watzlawick 1983: 38).

Zur Erinnerung:

- Ist Ihnen ein Baby bekannt, das bereits Vorurteile hat? (Ustinov 2001: 30)
- (Vorver)-Urteilung beginnt in der Kindheit – weshalb eigentlich und was tragen wir dazu bei?
- Menschen mit Vorurteilen urteilen oft rasch – nicht selten zu rasch.
- Sie vergeben sich damit die immer wiederkehrende Chance, die Welt mit unterschiedlichen Brillen zu sehen.

Erleben, was wir erwarten

Es war einmal ein Mann in Amerika, der wohnte an einer Überlandstrasse und verdiente sich seinen Lebensunterhalt mit dem Verkauf von Hot Dogs am Straßenrand. Seine Ohren waren nicht so gut, darum hörte er nie Radio. Seine Augen waren nicht so gut, darum las er nie Zeitung. Gut aber waren die Hot Dogs, die er verkaufte, und er stellte Schilder an die Straße und rief: »Ein Hot Dog gefällig?« Und immer mehr Leute kauften bei ihm. Er erhöhte seine Bestellung für Würstchen und Brötchen und kaufte sich einen größeren Ofen, um mit dem Geschäft Schritt halten zu können. Schließlich brauchte er einen Helfer und holte seinen Sohn vom College zurück. Und Folgendes geschah: Der Sohn sagte: »Vater, hast du denn nicht Radio gehört oder Zeitung gelesen? Wir haben eine riesige Rezession! In Europa ist die Lage schlimm. Bei uns in Amerika ist sie noch schlimmer. Alles geht vor die Hunde.« Worauf sich der Vater sagte: »Mein Sohn war auf dem College. Er liest Zeitung und hört Radio. Er wird es ja wohl wissen.« Daraufhin reduzierte er seine Bestellungen für Würstchen und Brötchen, nahm seine Reklameschilder herein und sparte sich die Mühe, sich selbst an die Straße zu stellen, um seine Hot Dog anzupreisen. Und praktisch über Nacht brach sein Geschäft zusammen. »Du hast recht, mein Junge«, sagte der Vater zum Sohn, »wir befinden uns wirklich in einer gewaltigen Rezession.«

Zur Erinnerung:

- Bei einer sich selbst erfüllenden Prophezeiung handelt es sich um eine Annahme, die aus der Tatsache heraus, dass sie gemacht wurde, das Angenommene zur Wirklichkeit werden lässt und so ihre eigene Richtigkeit bestätigt.
- Gedanken erzeugen Wirklichkeit!
- Das mangelhafte Bewusstsein, dass Gedanken Wirklichkeit erzeugen, hat beachtliche Auswirkungen.
- Wenn Sie glücklich verliebt sind, werden Sie die Stadt voller Pärchen erleben. Sind Sie unglücklich verliebt, so empfinden Sie die Straßen von tragischen, suizidgefährdeten Gestalten bevölkert, die ein karges Single-Dasein fristen (Leyh 1999).

Aneinander vorbeireden

Haben Sie schon erlebt, dass in Sitzungen und Diskussionen Botschaften den Adressaten nicht erreichen, dass trotz gleicher Sprache unterschiedliche Sprachen gesprochen werden? Vorsatz außen vor gelassen, sind Erziehung, Sozialisation, vor allem aber unsere Ausbildung in Verbindung mit der eigenen Fachsprache die Ursache für das Aneinander-Vorbeireden.
Zur Unterbrechung empfehlen wir nachfolgende Begebenheit.

In der fremden Stadt erkundigt sich ein Tourist nach dem Weg zum Bahnhof. Es antworten ihm ...

... ein Gesprächstherapeut: »Sie bewegt also, wo der Bahnhof sein könnte?«

... ein Reinkarnationstherapeut: »Geh in Gedanken zurück bis vor deine Geburt! Welches Karma lässt dich immer wieder auf die Hilfe anderer Leute angewiesen sein?«

... ein Bioenergetiker: »machen Sie mal sch...sch...sch...!«

... ein Mathematiker: »auf welchen Axiomen

beruht Ihre Frage?«
... ein Soziologe: »Bahnhof? Zugfahren? Welche Klasse?«
... ein Manager: »Fragen Sie nicht lange. Gehen Sie einfach los.«

Zur Erinnerung:

- Jeder von uns spricht nur seine Sprache.
- Die Grenze unserer Sprache ist die Grenze unserer Welt.
- Folglich ist »aneinander vorbeireden« die Regel und nicht der Ausnahmefall.
- Einziger Ausweg – zuhören und nachfragen!

Gefangen in Denkzwängen

Die klassischen Killerphrasen »das geht nicht« oder »das haben wir immer schon so gemacht« entlarven Denkblockaden. Der Mensch ist auf Erfolg programmiert und wiederholt, was sich bewährt. Diese kumulierte Erfahrung erschwert, in Alternativen zu denken, aus dem Rahmen zu treten oder einfach die Blickrichtung zu ändern. Zum Aufbrechen lähmender Blockaden eignet sich z.B. die Frage »Was wäre, wenn?« Stellen wir Denkblockaden fest, so empfehlen wir die Metapher der 17 Kamele.

Drei Söhne sollen ihr Erbe, 17 Kamele, nach testamentarischer Maßgabe so untereinander aufteilen, dass der erste Sohn die Hälfte, der zweite ein Drittel und der dritte ein Neuntel bekommt. Den ratlos hin- und herrechnenden Söhnen kommt ein Wanderprediger zu Hilfe, indem er sein Kamel zur Erbmasse hinzu gibt, dann aber, nachdem es bei der wundersamerweise aufgehenden Verteilung übrig bleibt, auf diesem wieder wegreitet (Lunau, 2000: 75).

Die Metapher beruht auf der Logik der Bruchrechnung: 1/2 + 1/3 + 1/9 = 17/18. Selbst ohne den Mullah, allein durch die gedankliche Hinzunahme eines Kamels ist das Problem gelöst.

Zur Erinnerung:

- Geht nicht gibt´s nicht!
- Wer nie aus dem Rahmen fällt, kann keine neuen Bilder erzeugen.
- Es gibt viel mehr Denkzwänge als Sachzwänge!
- Oft sind es Kleinigkeiten, die den Knoten lösen.

Effizient ineffektiv handeln

Die Bewunderung von »Machern« resultiert aus ihrer konsequenten Outputorientierung. Sie entscheiden schnell und haben sofort eine Lösung parat. Wo hektische Betriebsamkeit herrscht, führt Schnelligkeit auch schnell einmal zu Scheinlösungen. Mit hoher Effizienz werden Symptome bekämpft, für die Sinnfrage bleibt keine Zeit. Für eine Situation, bei der es offensichtlich nur darum geht, Vorgegebenes richtig zu tun, jedoch die berechtigte Frage, ob es das Richtige ist, gar nicht mehr gestellt werden darf, eignet sich folgende Geschichte:

Unter einer Straßenlaterne steht ein Betrunkener und sucht und sucht. Ein Polizist kommt vorbei und fragt ihn, was er verloren habe. »Meinen Schlüssel« antwortet der Mann. Nun suchen beide. Schließlich will der Polizist wissen, ob der Mann sicher ist, den Schlüssel gerade hier verloren zu haben. »Nein, nicht hier, sondern dort hinten - aber dort ist es viel zu finster« (Watzlawick 1983: 27).

Zur Erinnerung:

- Handeln ist einfacher als nachdenken.
- Operative Hektik ersetzt strategische Windstille nicht.
- »Die meiste Zeit geht dadurch verloren, dass man nicht zu Ende denkt.« (Alfred Herrhausen 1990).

»Viele Menschen glauben, sie würden denken, während sie in Wirklichkeit nur ihre Vorurteile neu ordnen.«

William James

Faites vos jeux!

Mehr denn je brauchen wir den lord of disorder, den Reflektor und Unterbrecher. Wir hoffen, dass es Ihnen gelingt die Narrenkappe aufzusetzen, wenn es die Situation erfordert. Das Schönste daran ist, Narrentum befreit ungemein! Mit dem *court jester concept*® gewinnen wir eine Sprache für Dinge, die wir bislang nur denken konnten. Wir können im Einklang mit unseren Überzeugungen handeln und selbst heikle Botschaften mit einem Augenzwinkern senden. Selbst in unterschiedlichen Spielen und Situationen fühlen wir uns wohl. Wir sind einfach die, die wir sind, und halten anderen – vor allem aber uns selbst – den Spiegel vor. Wir erzeugen dadurch eine Kultur der Ehrlichkeit, Verlässlichkeit und des Vertrauens.

Am Ende dieses Buches finden Sie als pocket memory card die **Jester's fool box®**. Wie ein Vademecum soll sie unser täglicher Begleiter sein, damit wir die wichtigsten Spielregeln, Fragen an uns selbst sowie Geschichten stets griffbereit haben und uns jederzeit die

Narrenkappe aufsetzen können. Da es sich selbstverständlich nur um einige Anregungen handelt, laden wir alle Narren dazu ein, weitere Bilder und Geschichten für ihre eigene fool box zu finden.

Der Narr ist von jeher ein Geschichtenerzähler und auf einprägsame und treffliche Anekdoten angewiesen, so auch wir. Wir würden uns freuen, wenn Sie uns Ihre Geschichten und Erlebnisse an folgende Adresse mitteilen:

stories@court-jesters.com

Ferner laden wir Sie ein zu einem Besuch in unseren Business Palace, the Home of the Court Jester, unter www.court-jesters.com

Faites vos jeux!

Literatur

Amelunxen, C. (1991):
Zur Rechtsgeschichte des Hofnarren; Berlin u.a. 1991

Bateson, G. (1997):
Geist und Natur: eine notwendige Einheit. Übersetzt von Günther Holl; 5. Aufl., Frankfurt/Main 1997

Braitenberg, V./Hosp, I. (1996):
Die Natur ist unser Modell von ihr; Reinbek bei Hamburg 1996

Collins, J.C./Porras, J.I. (1995):
Visionary Companies: Visionen im Management; München 1995

Ditzinger, T. (1997):
Illusionen des Sehens: Eine Reise durch die phantastische Welt der optischen Wahrnehmung; München 1997

Elias, N. (1990):
Die höfische Gesellschaft. Untersuchungen zur Soziologie des Königtums und der höfischen Aristokratie; 5. Aufl., Frankfurt/Main 1990

Erasmus v. Rotterdam: (1511):
Lob der Torheit; in der Übersetzung von A. Hartmann; 6. Aufl., Basel 1966

Foerster, H. (1995):
Konstruktivismus und Erkenntnistheorie; drei Tonkasset-

ten, ISBN 3-89680-256-9, Münsterschwarzach, Müllheim 1995

Foerster, H. (1997):
Entdecken oder Erfinden. Wie lässt sich Verstehen verstehen?; in: Gumin/Meier (Hrsg. 1997), S. 41-88

Goeudevert, D. (2000):
Mit Träumen beginnt die Realität: Aus dem Leben eines Europäers; Reinbek bei Hamburg 2000

Gumin, H./Meier, H. (Hrsg. 1997):
Einführung in den Konstruktivismus; 3. Aufl., München 1997

Haken, H./Haken-Krell, M. (1994):
Erfolgsgeheimnisse der Wahrnehmung: Synergetik als Schlüssel zum Gehirn; Frankfurt /Main 1994

Herold, G. (1994):
Chaos contra Kosmos; in: Nachrichten der Evang.-Luth. Kirche Bayern, 12/1994, S. 224-227

Herrhausen, A. (1990):
Denken_Ordnen_Gestalten; Berlin 1990

Huber, H. (Hrsg. 1991):
Der Narr. Beiträge zu einem interdisziplinären Gespräch; Freiburg 1991

Hyer, M.C. (Hrsg. 1969):
Holy Laughter; New York 1969

Kiesel, Helmut (1979):
"Bei Hof, bei Höll": Untersuchung zur literarischen Hofkritik von Sebastian Brant bis Friedrich Schiller; Tübingen 1979

Kleingarn, H. (1997):
Change Management – Instrumentarium zur Gestaltung und Lenkung einer lernenden Organisation; Wiesbaden 1997

Könneker, Barbara (1966):
Wesen und Wandlung der Narrenidee im Zeitalter des Humanismus; Wiesbaden 1966

Leyer, M. (1983):
Zepter und Narrenkappe. Geschichte des Hofnarren; München 1983

Leyh, A. (1999):
Selektive Wahrnehmung, AVL; URL; http://www.nurindeinemkopf.de/nidk_warum_l.html, Stand 28.08.01

Lunau, Y. (2000):
Unternehmensethikberatung - Methodischer Weg zu einem praktikablen Konzept; Bern u.a. 2000

Maturana, H. (1996):
Die Biologie des Erkennens; zwei Tonkassetten, ISBN 3-89680-299-2, Münsterschwarzach, Müllheim 1996

o.V. (1999):
Die Bluttaufe am Morgarten; AVL; URL:
http://www.infozentralschweiz.ch/1301.htm
Stand 19.10.01

Probst, G.J.B./Siegwart, H. (Hrsg. 1985):
Integriertes Management; Bern u.a. 1985

Roth, G. (1996):
Die Bedeutung der Hirnforschung für die philosophische Erkenntnistheorie und das Leib-Seele-Problem;
in: Braitenberg, V./Hosp, I. (Hrsg. 1996), S. 87-109

Siegwart, H.(1985):
Anwendungsorientierung, Systemorientierung und Integrationsleistung einer Managementlehre;
in: Probst/Siegwart (Hrsg. 1985), S. 93-109

Simon, F.B. (1997):
Die Kunst nicht zu lernen; Heidelberg 1997

Sprenger, R.K. (2001):
Aufstand des Individuums; Frankfurt/Main 2001

Student, D. (2001):
Die Ego-Falle; in: manager magazin 04/2001, S. 59-75

Ustinov, P. (2001):
Das Wichtigste im Leben ist für mich der Respekt.
Interview mit Aldo Parmeggiani; in: Dolomiten, Nr. 92,
20.04.01, S. 30

Vester, F. (1989):
Leitmotiv vernetztes Denken - Für einen besseren Umgang mit der Welt; 2. überarb. Aufl., München 1989

Watzlawick, P. (1983):
Anleitung zum Unglücklichsein; München 1983

Zucker, W. M. (1969):
The Clown as the Lord of Disorder; in: Hyer (Hrsg. 1969)

The Court Jesters
Autorenportraits

- Hans A. Wüthrich

- Wolfgang Winter

- Andreas F. Philipp

hans.wuethrich@court-jesters.com

Univ.-Prof. Dr. oec. Hans A. Wüthrich

Jg. 1956, Inhaber des Lehrstuhls für Internationales Management an der Universität der Bundeswehr München.

Seit 1988 Partner der Firma B&RSW AG, Management Consultants, Zürich. (www.brsw-ag.com)

Zahlreiche Publikationen auf den Gebieten: Strategisches Management, Organisation, Unternehmenskultur und Consulting. Herausgeber der Schriftenreihe »Internationalisierung und Management«, Deutscher Universitätsverlag, Gabler Edition Wissenschaft. Mitherausgeber von »Grenzen ökonomischen Denkens« (2001).

Forschungsinteressen: Change Management, Organisationales Lernen, systemische Beratung, Coaching und Supervision sowie philosophische und ethische Fragen einer nachhaltigen Unternehmensführung.

wolfgang.winter@court-jesters.com

Prof. Dr. rer. pol. Wolfgang Winter

Jg. 1965, Dipl.-Kfm., seit 1994 selbständiger Managementberater und -trainer.

Autor des vielbeachteten Grundlagenwerkes »Theorie des Beobachters« (1999) sowie mehrerer Veröffentlichungen zu Strategie, Führung, Kultur. Mitherausgeber von »Grenzen ökonomischen Denkens« (2001).

Mitglied der Deutschen Gesellschaft für Kybernetik.

Lehrt Betriebswirtschaft, Schwerpunkt International Management, an der University of Cooperative Education (BA) Heidenheim.

Forschungsinteressen: Anwendungspotentiale von Beobachtertheorie (insbes. Differenztheorie) und moderner soziologischer Systemtheorie auf ausgewählte Fragestellungen in Management, Organisation & Marketing.

andreas.philipp@court-jesters.com

Dr. rer. pol. Andreas F. Philipp

Dipl.-Kfm., Partner der systemischen Beratungsfirma PhilOs – Dr. A. Philipp & D. Osmetz Managementberatung GbR (www.phil-os.de).

Lehrbeauftragter für Betriebswirtschaft, integriertes Management, Leadership und Ethik in München, Luzern und Rosenheim.

Autor des Buches »Die Selbstverantwortung der Betriebswirtschaft – Versuch einer gesellschaftsorientierten Haltung«. Ausgezeichnet mit dem Hauptpreis der Bayerischen Landesbank 2001. Weitere Veröffentlichungen zu den Themen: Virtuelle Unternehmen, Change Management und »Grenzen ökonomischen Denkens«, Mitherausgeber (2001).

Forschungs- und Beratungsinteressen: Strategisches Management, Selbstverantwortetes Management sowie Team- und Personencoaching, jeweils mit systemischem Ansatz.

Hans A. Wüthrich • Dirk Osmetz

Stillstand im Wandel!

– Illusion Change Management –

Leinen, ca. 150 Seiten, Illustrationen
ISBN: 3-936179-02-6
Erscheinungsdatum: Frühjahr 2002

Viel Bewegung, aber nur wenig Veränderung!

Autos werden immer schneller – Computerchips leistungsfähiger – totale Kommunikation bestimmt unser Leben – Restrukturierungen prägen den wirtschaftlichen Alltag.

Was verändert sich?
Verkehr kollabiert, Viren legen Netze lahm, Erreichbarkeit wird zur Qual und Orientierung geht verloren. Im Management ist man sich einig: Wandel ist das einzig Konstante – aber ist das Ergebnis nicht Stillstand?

Muss das so sein?
Das Buch hinterfragt Prämissen der betriebswirtschaftlichen Illusion ‚Change Management' und denkt den Begriff radikal neu.

Lassen sich Veränderungen wirklich steuern?
Wer oder was muss bzw. kann sich verändern?
Welche Konsequenzen ergeben sich für die vermeintlichen Akteure im driver's seat?

Inspiriert durch Impulse aus der Natur, von einer brasilianischen Großstadt und aus persönlichen Erlebnissen, wird ein alternatives Verständnis von Change Management postuliert.
»*Mut zum Vertrauen!*« lautet die Aufforderung an Verantwortungsträger oder ganz einfach:

»*Zulassen und Loslassen!*«

Originalausgabe
1. Auflage 2001

E-mail: info@gellius.de
Illustrationen: Ernst Böhm, Hechendorf
Umschlaggestaltung und Satz: dtp studio winter, München
Druck und Bindung: Color-Offset GmbH, München
Printed in Germany
ISBN 3-936179-01-8

Die Deutsche Bibliothek - CIP-Einheitsaufnahme

Ein Titelsatz für diese Publikation ist bei Der Deutschen Bibliothek erhältlich.